FÜR UNS!

DIESES BUCH GEHÖRT:

....

....

....

MARIANNE ZUNNER

RUCK-ZUCK KÜCHE

LECKER KOCHEN OHNE EINKAUFEN

VORWORT

Als Kochbuchautorin bekomme ich oft zu hören: „Bei dir wird bestimmt jeden Tag groß gekocht!" Von wegen. Wenn abends der Job erledigt ist, ist zwar der Hunger groß, meine Lust auf Kochen aber eher klein. Und ich mache es mir leicht. Ich öffne Tiefkühler, Küchen- und Kühlschrank, werfe einen prüfenden Blick in die Gemüsekiste auf dem Balkon und entscheide mich dann für die simpelste Lösung. Noch Pasta, Tomaten und Oliven da? Okay, alles klar. Eine Packung Gnocchi, ein halber Kürbis und Feta oder eine Rolle Pizzateig, Thunfisch und Zwiebeln auf Lager? Bestens. Und dann zaubere ich aus meinem Vorratsschatz ruck, zuck Gerichte, bei denen keiner am Tisch etwas vermisst. Sind meine Schränke gut gefüllt, kann ich auf diese Weise spielend eine ganze Woche überbrücken, ohne einen Supermarkt von innen gesehen zu haben — ein wunderbares Gefühl. Dass bei dieser Art des Kochens mehr Gemüse als Fleisch auf den Tisch kommt, ist ein willkommener Nebeneffekt, der den Geldbeutel schont und der Gesundheit zugutekommt. Und am Wochenende wird dann wieder eingekauft. Für ein schönes „großes" Essen mit einem guten Stück Fleisch. Und für die nächste Ruck-zuck-Woche.

Viel Spaß beim Ausprobieren wünscht
Ihnen Marianne Zunner

INHALT

MAKE IT EASY!

Endlich Feierabend! Der Hunger ist groß, aber jetzt noch zum Supermarkt hetzen? Nein danke! Da trifft es sich gut, wenn Tiefkühler, Kühlschrank und Küchenregale bestens bestückt sind. Mit Lebensmitteln, die man immer gebrauchen kann – für eine schnelle Pasta, ein leckeres Süppchen oder eine Ruck-zuck-Pizza.

DAS IST DRIN IN MEINEM LIEBLINGSZIMMER

ICH HAB DA EINEN PLAN ...

Für frühere Generationen war Vorrat eine Notwendigkeit, um schlechte Zeiten zu überstehen. Für uns ist er der reine Luxus. Denn wenn wir wollten, könnten wir jeden Tag einkaufen. Alles, worauf wir Appetit haben. Aber da beginnt sie schon, die Qual der Wahl. Denn die Supermarktregale sind zum Bersten voll mit Dingen, die wir eigentlich nicht brauchen. Also müssen wir ständig Entscheidungen treffen. Und das stresst. Wohl dem, der einen Plan hat! Wer am Wochenende schon weiß, was er demnächst kochen wird, kann gezielt einkaufen — und entspannen. Also: Versammeln Sie die Familie um den Küchentisch und besprechen Sie in gemütlicher Runde den Speiseplan für die folgenden Tage. Fertigen Sie gleich eine Einkaufsliste an, füllen Sie Ihre Schränke — und freuen Sie sich auf (mindestens) eine Woche ohne Einkaufsstress.

+ Stift und Einkaufszettel? Schnee von gestern, heute nutzen viele Einkaufslisten-Apps fürs Smartphone. Von der App, über die man alle Einkäufe mit Sprachbefehl diktieren kann, über die To-do-Liste für alle Lebensbereiche bis hin zum Antippen von Bildsymbolen.

Heimkommen, einen Blick in den Schrank werfen und loskochen. So soll es sein.

+ MERKE ...

Lassen Sie Ihre Kinder fünf Dinge aufschreiben oder -malen, die für sie unbedingt in den Vorrat gehören.

WAS HEISST HIER VORRAT?

Vorrat ist alles, was länger haltbar ist als einige Tage. Kein Problem bei Trockenvorräten, Tiefkühlware und Konserven. Die halten monate- bis jahrelang, und Sie können so viel davon anschaffen, wie Sie Platz haben. Auch viele Gemüsesorten kann man — an einem kühlen und luftigen Plätzchen — bis zu mehreren Wochen lang lagern. Bei Kühlschrankware wie Milchprodukten, Frischteigen oder vakuumierten Wurstwaren kommen Sie allerdings nicht darum herum, ab und zu das Haltbarkeitsdatum zu kontrollieren.

WIE LANG HÄLT DAS DENN?

Viel zu viele Lebensmittel landen im Müll. Der Grund ist das Mindesthaltbarkeitsdatum (MHD), das unglücklicherweise oft mit dem Verbrauchsdatum verwechselt wird. Vor allem trocken gelagerte Nährmittel wie Nudeln, Reis, Couscous, Puddingpulver oder Hülsenfrüchte, aber auch Kaffee, Tee, Zucker und natürlich Konserven sind noch Monate nach Ablauf des MHD genießbar. Selbst Kühlwaren wie Käse und Milchprodukte kann man meist noch kurze Zeit nach Ablauf des MHD essen, natürlich nur, wenn sie nicht seltsam aussehen, schmecken oder riechen. Das Verbrauchsdatum hingegen informiert uns darüber, bis wann wir leicht verderbliche Ware wie Fisch, Geflügel oder Frischfleisch essen sollten. Auf diesen empfindlichen Lebensmitteln befindet sich der Aufdruck „zu verbrauchen bis ...". Ist das angegebene Datum überschritten: weg damit!

FAST EWIG HALTBAR

TEE
ZUCKER
MEHL
REIS
GRIESS
COUS COUS
BOH NEN

AUGE UND NASE ENTSCHEIDEN

ACHTUNG!
ZU VERBRAUCHEN BIS ...

VORRATS-CHECK-UP

ALLE 2 WOCHEN:

Kühlschrank
Balkon
Keller

ALLE 2 MONATE:

Tiefkühltruhe

EINMAL IM JAHR:

Vorratsschrank

DEN DURCHBLICK BEHALTEN

Damit Sie sich voll und ganz auf Ihre Vorräte verlassen können, muss ab und zu ein Check-up her. Im Kühlschrank und auf dem Balkon (oder im Keller) sollte der alle zwei Wochen passieren, in der Tiefkühltruhe einmal in zwei Monaten und im Vorratsschrank einmal im Jahr. Oft werden Lebensmittel nämlich schlicht und einfach vergessen. Sortieren Sie Ihre Sachen möglichst so, dass länger Haltbares hinten steht, kürzer Haltbares weiter vorn. So bewahren Sie den Überblick und müssen nichts wegwerfen.

HAB ICH ALLES DA!

Mit einer guten Grundausstattung macht Ruck-zuck-Kochen am meisten Spaß. Natürlich ist die Auswahl subjektiv, schließlich hat jede Familie ihre ganz persönlichen Favoriten und damit andere Must-haves im Vorratsschrank — während Familie A sich über Pizza und Pasta freut, liebt Familie B Wokgerichte, und Familie C bevorzugt gute alte Hausmannskost. Welche Vorräte die Ihren sind, das wissen Sie selbst am besten. Bei mir sind diese Vorräte Gesetz:

JEDEN TAG AUS DEM VOLLEN SCHÖPFEN

DIE BASICS

Salz,
Pfeffer (Mühle),
Gewürze und
getrocknete Kräuter,
Weißweinessig und
Aceto balsamico,
Oliven- und Sonnenblumenöl,
Sojasauce,
Ketchup

IM KÜHLSCHRANK

Milch, Butter, Joghurt, Schmand,
Parmesan, Feta, Bacon,
Schinkenwürfel und Eier.
Senf, Tomatenmark, Kapern,
Ajvar, Meerrettich, Currypaste

IM KÜCHENSCHRANK

Lieblingsnudeln,   Zucker,
rote Linsen,   Stärke,
Risotto-, Milch-   Semmelbrösel,
und Basmatireis,   Nüsse und
Couscous,   Mandeln,
Mehl,   Tortilla-Wraps

AUS DOSE UND GLAS

Tomaten (ganz und stückig),
Thunfisch, Mais,
rote und weiße Bohnen,
Kichererbsen,
getrocknete Tomaten,
Kokosmilch,
Wiener Würstchen,
Sauerkraut,
Gewürzgurken,
gegrillte Paprikaschoten

IM TIEFKÜHLER

Erbsen, Blatt- und Rahmspinat,
grüne Bohnen, Brokkoli,
Suppengemüse, Wokgemüse,
gehackte Kräuter, Garnelen,
Fischstäbchen

Gemüsefach, Balkon oder Keller

Zwiebeln, Schalotten,
Knoblauch, Ingwer,
Kartoffeln, Möhren,
Süßkartoffeln, Kohl,
Kürbis, Äpfel, Zitronen

Hauptsache gut gewürzt

Gewürze, Würzsaucen und Kräuter sind das A und O in der Küche. Eine Prise Curry oder Kardamom, ein paar Blättchen Oregano oder Thymian verwandeln simple Gerichte in eine raffinierte Angelegenheit. Bei den Kräutern müssen Ruck-zuck-Köche allerdings auf getrocknete oder TK-Ware zurückgreifen, es sei denn, sie können sie direkt aus dem Topf pflücken. Schwört Ihre Familie auf Hausmannskost, mag sie es gerne asiatisch, orientalisch angehaucht oder mediterran? Ihr Gewürz-regal sollte diese Vorlieben widerspiegeln. Je größer Ihre Auswahl, desto besser. Rechts finden Sie meine Lieblingsgewürze.

Heute mach ich's mir bequem

Mal eben Zwiebeln oder Knoblauch würfeln, das ist immer drin. Dachte ich, bis ich in meinem Supermarkt tiefgefrorene Zwiebel- und Knoblauchmischungen entdeckt habe. Fix und fertig gewürfelt, portionierbar, wiederverschließbar, immer zur Hand. Und vor allem: keine müffelnden Zwiebelschalen im Müll, keine riechenden Hände und Arbeitsbretter. Deshalb mache ich es mir jetzt ab und zu bequem – in Ausnahmefällen. Denn meistens sind die paar Minuten fürs Zwiebelschneiden ja wirklich noch drin.

Ich hab die Schränke schön

Zur Vorratshaltung gehört auch die richtige Verpackung, denn angebrochene Lebensmittel sollten zügig in verschließbare Behälter gefüllt werden, wo sie vor Licht, Luft und Wärme geschützt werden. Und mal ehrlich: Nichts nervt mehr, als leise rieselnde Zuckertüten oder staubende Mehlpackungen im Schrank. Sorgen Sie also für eine ausreichende Auswahl an Gläsern, Dosen, Boxen, Tüten, Beuteln und den dazugehörigen Verschlüssen. Das Angebot dafür ist riesig, aber ob Sie sich für ein aufeinander abgestimmtes Ordnungssystem entscheiden oder wie ich ein Sammelsurium aus Geerbtem, Gekauftem und Gesammeltem bevorzugen, ist Ansichtssache.

Denken Sie jedoch daran, alle Lebensmittel mit Abfüll- und Verfallsdatum zu versehen. Auch dafür gibt es im Handel die unterschiedlichsten Hilfsmittel — von hübschen Etiketten und Aufklebern bis hin zu Stempeln und Stiften. Besondere Sorgfalt ist dort angebracht, wo man den Inhalt nicht auf den ersten Blick identifizieren kann. Hier muss neben dem Datum auch noch die Bezeichnung mit auf die Verpackung. Denn wer gar nicht weiß, was er da im Schrank stehen hat, wird auch nicht damit kochen. Logisch, oder? Mein Tipp für Tüten und Schachteln: das Stück mit der Bezeichnung und Datumsangabe einfach ausschneiden und mit einem Gummiband am Behälter fixieren.

DAS SIND MEINE FAVORITEN

MEDITERRAN:
Oregano, Thymian, Basilikum, Rosmarin, Fenchelsamen, Chili, Knoblauch

ASIATISCH:
Currypasten, Sojasauce, Fischsauce, Sambal oelek, Koriandergrün, Minze, Chili, Ingwer

TRADITIONELL:
Kümmel, Korianderkörner, Paprikapulver, Muskat, Majoran, Dill, Petersilie, Schnittlauch

ORIENTALISCH:
Kreuzkümmel, Kardamom, Curry, Garam Masala, Ras el-Hanout, Kurkuma, Minze

+ 1 EL TK-Zwiebel-Mix entspricht 1 Schalotte oder ½ Zwiebel.

+ 1 EL TK-Knoblauch-Mix entspricht ½ Knoblauchzehe und ½ Schalotte.

KAPITEL 1

UNSERE LIEBLINGS SUPPEN

Mmh, was riecht denn hier so gut? Wenn im großen Topf
ein feines Süppchen vor sich hinköchelt, wird es gleich gemütlich.
Wie wunderbar, dass die Auswahl an Gemüsekonserven
und Tiefkühlgemüse so groß ist. Damit sind Tomatensuppe,
kräftige Minestrone, feurige Linsensuppe oder köstliche
Kichererbsensuppe nämlich im Handumdrehen fertig.
Und werden, serviert mit raffinierten Extras wie Nüssen oder
Croûtons, zu echten Alltags-Hits.

RUCK-ZUCK-KÜCHE

TOMATEN-MAIS-SUPPE MIT KÄSE-TORTILLAS

1 Die Zwiebeln schälen und in feine Würfel schneiden. Das Olivenöl in einem großen Topf erhitzen und die Zwiebeln darin etwa 5 Minuten anbraten.

2 Die Tomaten samt Flüssigkeit hinzufügen und mit einem Kartoffelstampfer grob zerdrücken. Die kleine Tomatendose mit Wasser füllen und das Wasser zu den Tomaten gießen. Die Gewürzmischung hinzufügen. Alles aufkochen und zugedeckt etwa 15 Minuten köcheln lassen. Den Backofen auf 200 °C vorheizen.

3 Die Tortillas nebeneinander auf ein mit Backpapier belegtes Backblech legen. Im Backofen 4 bis 5 Minuten erhitzen. Dann herausnehmen, dick mit dem geriebenen Gouda bestreuen und im Ofen noch 1 bis 2 Minuten überbacken.

4 Die Suppe mit dem Stabmixer grob pürieren. Den Mais-Erbsen-Mix in ein Sieb abgießen, abtropfen lassen und in der Suppe erhitzen. Die Suppe mit Salz, Pfeffer und nach Belieben mit Chilipulver würzen.

5 Die saure Sahne mit dem Dill glatt rühren. Die Tortillas zweimal zusammenklappen, sodass Dreiecke entstehen. Nach Belieben mit etwas Chilipulver bestäuben. Die Suppe mit einem Klecks saurer Sahne und nach Belieben frischen Dillspitzen anrichten, die Käse-Tortillas dazu servieren.

ZUTATEN

FÜR 4 PERSONEN
2 Zwiebeln
3 EL Olivenöl
1 große Dose geschälte Tomaten (800 g)
1 kleine Dose geschälte Tomaten (400 g)
4 TL Chili-con-Carne-Gewürzmischung
4 Maistortillas
200 g geriebener Gouda
1 Dose Mais-Erbsen-Mix (280 g Abtropfgewicht)
Salz · Pfeffer aus der Mühle
Chilipulver (nach Belieben)
200 g saure Sahne
2 EL TK-Dill

 ca. 30 Min.

MAL ANDERS: MIT BOHNEN

Für Abwechslung im Suppentopf ersetzen Sie den Mais-Erbsen-Mix durch rote Bohnen.

FRISCHEKICK: MIT KRÄUTERN

Fein gehackte Petersilie oder etwas Koriandergrün sorgt für Frische und noch mehr Aroma.

FRISCH EINGEKAUFT: MIT FLEISCH

Fleisch-Fans braten zusammen mit den Zwiebeln noch 200 g Rinderhackfleisch krümelig an und lassen es mitgaren.

EASY TOMATENSUPPE

DEN LECKEREN CRUNCH
GEBEN KNUSPRIGE BROTCHIPS

ERBSENSUPPE

HERRLICH PIKANT MIT
WASABI — OHNE SCHMECKT'S
ABER AUCH

BLUMEN-KOHLSUPPE

PISTAZIEN UND ZITRONEN-
BRÖSEL MACHEN DEN
UNTERSCHIED

EASY TOMATENSUPPE

1 Das Olivenöl in einem Topf erhitzen, den Zwiebel-Mix darin unter Rühren 3 Minuten anbraten. Die getrockneten Kräuter hinzufügen und kurz mitbraten. Den Zucker einstreuen und leicht karamellisieren.

2 Die Tomaten und 1 TL Salz dazugeben, die Dose mit Wasser füllen und das Wasser zur Suppe gießen. Die Suppe aufkochen, die Tomaten mit dem Kartoffelstampfer zerdrücken. Die Suppe etwa 15 Minuten mit halb aufgelegtem Deckel köcheln lassen.

3 Die Suppe mit dem Stabmixer pürieren, mit Salz, Pfeffer und nach Belieben mit Chilipulver würzen. Mit grob zerdrückten Brotchips anrichten. Nach Belieben mit Basilikumblättern garnieren.

ZUTATEN

FÜR 4 PERSONEN
3 EL Olivenöl
4 EL TK-Zwiebel-Mix
1 TL getrockneter Oregano
½ TL getrockneter Thymian
1 Prise Zucker
1 große Dose geschälte Tomaten
(800 g)
Salz · Pfeffer aus der Mühle
Chilipulver (nach Belieben)
1 Handvoll Brotchips

 ca. 25 Min.

WASABI-ERBSEN-SUPPE

1 Die Butter in einem Topf erhitzen. Den Zwiebel-Mix und den Ingwer darin unter Rühren etwa 5 Minuten anbraten. Die Erbsen und die Brühe dazugießen, aufkochen und zugedeckt 15 Minuten köcheln lassen.

2 Den Schmand bis auf 2 EL mit der Wasabipaste verrühren. Die Wasabinüsse grob hacken.

3 Den übrigen Schmand zur Suppe geben und alles mit dem Stabmixer fein pürieren. Mit Salz, Pfeffer, Zucker und Limettensaft würzen. Mit dem Wasabischmand anrichten und mit den Wasabinüssen bestreuen.

ZUTATEN

FÜR 4 PERSONEN
3 EL Butter
3 EL TK-Zwiebel-Mix
3 EL gehackter TK-Ingwer
600 g TK-Erbsen
800 ml Gemüsebrühe
200 g Schmand
3–4 TL Wasabipaste
4 EL Wasabi-Erdnüsse
Salz · Pfeffer aus der Mühle
1 Prise Zucker
2 EL Limettensaft

 ca. 35 Min.

BLUMENKOHLSUPPE MIT ZITRONENBRÖSELN

1 Die Kartoffeln schälen, waschen und in grobe Würfel schneiden. 2 EL Butter in einem Topf erhitzen, den Zwiebel-Mix darin anbraten. Die Kartoffeln hinzufügen und kurz mitbraten. Den Blumenkohl und die Brühe hinzufügen. Aufkochen und zugedeckt 15 Minuten köcheln lassen.

2 Restliche Butter in einer Pfanne aufschäumen, die Semmelbrösel darin knusprig anrösten. Die Pistazien untermischen und kurz mitrösten. Die Pfanne vom Herd nehmen, die Zitronenschale und die Petersilie untermischen. Die Mischung leicht salzen und in eine kleine Schüssel füllen.

3 Die Suppe mit dem Stabmixer fein pürieren, die Sahne unterrühren und die Suppe mit Salz, 1 Prise Muskatnuss und Zitronensaft würzen. Zum Servieren mit den Zitronenbröseln bestreuen.

Mal anders:

4 Scheiben Toastbrot in kleine Würfel schneiden, in Butter knusprig rösten und in der Suppe servieren.

ich ♡ es

ZUTATEN

FÜR 4 PERSONEN
200 g mehligkochende Kartoffeln
50 g Butter
4 EL TK-Zwiebel-Mix
900 g TK-Blumenkohl
1 l Gemüsebrühe
5 EL Semmelbrösel
25 g gehackte Pistazien
1 TL abgeriebene Bio-Zitronen-schale
3 EL TK-Petersilie
Salz
200 g Sahne
frisch geriebene Muskatnuss
2 EL Zitronensaft

 ca. 35 Min.

SÜSSKARTOFFEL-ORANGEN-SUPPE

Diese fruchtig-liebliche Suppe ist auch bei Gästen immer ein voller Erfolg. Sie lässt sich unendlich variieren — mit allem, was nussig und knusprig ist. Aber auch ein Klecks Crème fraîche ist natürlich nicht verkehrt.

1 Die Süßkartoffeln schälen und in grobe Würfel schneiden. Die Zwiebel schälen und in feine Würfel schneiden.

2 In einem großen Topf 2 EL Butter erhitzen. Süßkartoffeln und Zwiebel darin 2 bis 3 Minuten anbraten. Curry- und Chilipulver einstreuen und kurz mitbraten. Orangen halbieren und auspressen. Orangensaft und Brühe dazugießen. Die Suppe bei mittlerer Hitze 20 Minuten köcheln lassen.

3 Das Toastbrot in kleine Würfel schneiden. Die restliche Butter in einer Pfanne erhitzen. Die Brotwürfel bei mittlerer Hitze darin knusprig braten, gegen Ende die Cashewkerne hinzufügen, alles mit Zimt bestäuben und kurz weiterbraten.

4 Die Suppe mit dem Stabmixer fein pürieren. Mit Salz und Pfeffer würzen und mit Zimt-Croûtons und Cashewkernen anrichten.

Mal anders:

Croûtons mit Räucherpaprikapulver bestäuben, Nüsse gegen Rauchmandeln austauschen. Die Süßkartoffeln können Sie ganz einfach durch Kürbis ersetzen.

ZUTATEN

FÜR 4 PERSONEN
900 g Süßkartoffeln
1 rote Zwiebel
3 EL Butter
1 TL mildes Currypulver
¼ TL Chilipulver
2 Saftorangen
900 ml Gemüsebrühe
3 Scheiben Vollkorntoast
30 g Cashewkerne
einige Prisen Zimtpulver
Salz · Pfeffer aus der Mühle

 ca. 40 Min.

FRISCHEKICK:
Die Suppe vor dem Servieren mit fein geschnittener Minze bestreuen.

ROTE-BETE-SUPPE MIT SCHINKEN-FLÄDLE

Pfannkuchen liebt meine ganze Familie, und zwar in jeder Form. Für die Suppeneinlage habe ich kleine Schinkenwürfel und gehackte Petersilie unter den Teig gerührt, das macht die Flädle schön herzhaft.

1 Das Mehl mit Milch, Ei und 1 Prise Salz zu einem glatten Pfannkuchenteig rühren und beiseitestellen. Wacholderbeeren, Kümmel und Lorbeerblatt in einen Einweg-Teefilterbeutel füllen und diesen zubinden.

2 Die Zwiebeln schälen, halbieren und in dünne Scheiben schneiden. 2 EL Butter in einem Topf erhitzen und die Zwiebeln darin anbraten. Die Brühe angießen, aufkochen. Den Gewürzbeutel hineinlegen und die Suppe zugedeckt 10 Minuten köcheln lassen.

3 Schinken in sehr feine Würfel schneiden und mit 2 EL Petersilie unter den Pfannkuchenteig rühren. Die restliche Butter in einer beschichteten Pfanne erhitzen und darin aus dem Teig 2 Pfannkuchen backen. Herausnehmen und auf einen Teller legen.

4 Die Roten Beten abtropfen lassen und in kleine Würfel schneiden. Dabei am besten Einweghandschuhe tragen, da die Knollen stark abfärben. Die Rote-Bete-Würfel zur Suppe geben und die Suppe weitere 5 Minuten kochen lassen. Den Gewürzbeutel herausnehmen und die Suppe mit Salz, Pfeffer und Essig würzen.

5 Die Pfannkuchen aufrollen, in Streifen schneiden und auf tiefe Teller oder Schalen verteilen. Die Suppe darüberschöpfen und mit der restlichen Petersilie bestreuen.

Mal anders:

Statt Pfannkuchen schmeckt in Streifen geschnittener Roastbeef-Aufschnitt. Sie können die Suppe aber auch mit geräuchertem Forellenfilet und einem Klecks Meerrettich-Schmand anrichten.

FÜR 4 PERSONEN
60 g Mehl
120 ml Milch
1 Ei
Salz
1 TL Wacholderbeeren
½ TL ganzer Kümmel
1 Lorbeerblatt
250 g rote Zwiebeln
3 EL Butter
1 l Fleisch- oder Gemüsebrühe
**50 g Schwarzwälder Schinken
(in dünnen Scheiben)**
3 EL TK-Petersilie
**500 g Rote Beten (vorgegart
und vakuumiert)**
Pfeffer aus der Mühle
1 EL Aceto balsamico

 ca. 35 Min.

KICHER-ERBSENSUPPE

JOGHURT UND DILL SORGEN
FÜR DIE FEINE FRISCHE

GELBE LINSEN-SUPPE

GANZ SCHÖN RAFFI-
NIERT MIT MANDELN
UND APRIKOSEN

TÜRKISCHE LINSENSUPPE

EIN ECHTER FAMILY-LIEBLING,
MIT UND OHNE FLADENBROT

KICHERERBSENSUPPE MIT JOGHURT

1 Das Olivenöl in einem Topf erhitzen. Den Knoblauch-Mix und das Suppengemüse darin 3 Minuten anbraten. Die Gewürze und den Reis unterrühren, 1 Minute mitbraten. Die Brühe angießen, aufkochen und zugedeckt 15 Minuten köcheln lassen.

2 Die Kichererbsen in ein Sieb abgießen. In eine Schüssel füllen, mit reichlich kaltem Wasser bedecken und mit den Händen gut durchmischen, sodass sich die feinen Häutchen lösen. Kurz warten, bis die Häutchen nach oben schwimmen, dann die Häutchen entfernen. Die Kichererbsen in einem Sieb abtropfen lassen, zur Suppe geben und 5 Minuten köcheln lassen.

3 Den Joghurt nach und nach unter die Suppe rühren und erhitzen. Den Dill unterrühren und die Suppe mit Salz, Pfeffer und Zitronensaft würzen.

ZUTATEN

FÜR 4 PERSONEN
2 EL Olivenöl
4 EL TK-Knoblauch-Mix
1 Packung TK-Suppengemüse (75 g)
1 TL gemahlener Kreuzkümmel
1 TL gemahlene Kurkuma
70 g Langkornreis
1,2 l Gemüsebrühe
2 Dosen Kichererbsen (à 240 g Abtropfgewicht)
200 g griechischer Joghurt
1 EL TK-Dill
Salz · Pfeffer aus der Mühle
2—3 EL Zitronensaft

 ca. 30 Min.

TÜRKISCHE LINSENSUPPE

1 Das Olivenöl in einem Topf erhitzen. Den Knoblauch-Mix darin anbraten. Minze, Kreuzkümmel und Oregano hinzufügen und kurz mitbraten. Die Linsen und 800 ml Wasser hinzufügen, einmal aufkochen und zugedeckt bei schwacher Hitze 15 Minuten köcheln lassen.

2 Die Tomaten und 1 TL Salz unterrühren. Aufkochen und ohne Deckel weitere 10 Minuten köcheln lassen, gelegentlich umrühren.

3 Die Suppe mit dem Kartoffelstampfer kurz durchstampfen, mit Salz, Pfeffer und nach Belieben Chiliflocken würzen. Den Feta zerbröckeln und zum Servieren auf die Suppe streuen. Nach Belieben mit frischer Petersilie garniert servieren.

ZUTATEN

FÜR 4 PERSONEN
3 EL Olivenöl
4 EL TK-Knoblauch-Mix
1 TL getrocknete Minze
1 TL gemahlener Kreuzkümmel
1 TL getrockneter Oregano
150 g rote Linsen
1 Dose stückige Tomaten (400 g)
Salz · Pfeffer aus der Mühle
¼ TL Chiliflocken (nach Belieben) · 100 g Feta (Schafskäse)

 ca. 35 Min.

GELBE LINSENSUPPE

1 Die Brühe mit den Linsen und den getrockneten Tomaten in einem Topf aufkochen und zugedeckt 15 Minuten köcheln lassen. Die Aprikosen in kleine Würfel schneiden.

2 Die Tomaten aus der Suppe nehmen und klein würfeln. Die Kokosmilch zur Suppe geben und alles mit dem Stabmixer kurz pürieren. Die Tomaten und die Aprikosen dazugeben. Den Spinat hinzufügen und zugedeckt bei schwacher Hitze 5 Minuten in der Suppe auftauen lassen. Die Mandeln in einer kleinen Pfanne ohne Fett goldbraun rösten.

3 Die Suppe mit Salz, Pfeffer, Zitronensaft und nach Belieben mit Chilipulver würzen. Mit den Mandeln bestreuen. Dazu passt Naan-Brot oder Chapati.

ZUTATEN

FÜR 4 PERSONEN
1 l Gemüsebrühe
200 g gelbe Linsen
50 g getrocknete Tomaten (ohne Öl) · 80 g Soft-Aprikosen
200 ml Kokosmilch
100 g TK-Blattspinat
4 EL Mandelblättchen
Salz · Pfeffer aus der Mühle
einige Spritzer Zitronensaft
Chilipulver (nach Belieben)

 ca. 30 Min.

MINESTRONE MIT BOHNEN UND PESTO

1 Die Schalotten und den Knoblauch schälen. Schalotten in Scheiben, Knoblauch in feine Würfel schneiden. Die Fenchelsamen im Mörser grob zerdrücken.

2 In einem großen Topf das Olivenöl erhitzen und Schalotten, Knoblauch und Fenchelsamen darin 5 Minuten anbraten. Mit Salz würzen. Den Zucker darüberstreuen und karamellisieren. Das Tomatenmark und die Kräuter hinzufügen und kurz mitbraten. Das Suppengemüse dazugeben und die Brühe angießen. Die Suppe einmal aufkochen und zugedeckt bei schwacher Hitze 10 Minuten köcheln lassen. Die Nudeln unterrühren, weitere 8 Minuten garen.

3 Die Bohnen in ein Sieb abgießen, kalt abspülen, abtropfen lassen und zur Suppe geben. Die Minestrone nochmals aufkochen lassen und mit Salz und Pfeffer würzen.

4 Die Suppe auf tiefe Teller verteilen, jeweils etwas Pesto daraufklecksen. Dazu passt Ciabatta oder Baguette.

Mal anders:

Fruchtiger wird es, wenn Sie 200 ml Brühe weniger verwenden und zusammen mit den Bohnen 200 g passierte Tomaten unter die Minestrone rühren. Sie können auch 300 g klein geschnittenen Wirsing mit dem Suppengemüse dazugeben und wie beschrieben garen. Die Bohnen dann weglassen.

Pesto (Grundrezept):

Für 4 Portionen die Blätter von 100 g Basilikum abzupfen und grob schneiden. Mit 50 ml Olivenöl im Blitzhacker kurz zerkleinern. 40 g geröstete Pinienkerne hinzufügen, alles fein pürieren. 40 g geriebenen Parmesan und so viel Olivenöl (etwa 100 ml) unterrühren, bis die gewünschte Konsistenz erreicht ist. Mit Salz würzen.

ZUTATEN

FÜR 4 PERSONEN
2 Schalotten
2 Knoblauchzehen
1 Msp. Fenchelsamen
3 EL Olivenöl
Salz · ½ TL Zucker
2 EL Tomatenmark
1 TL getrockneter Oregano
½ TL getrockneter Thymian
1 Packung TK-Suppengemüse (450 g)
900 ml Gemüsebrühe
50 g Suppennudeln
1 Dose weiße Bohnen (400 g; z.B. Cannellini-Bohnen)
Pfeffer aus der Mühle
4 TL Pesto (selbst gemacht, siehe links, oder aus dem Glas)

 ca. 35 Min.

AUCH LECKER:
Die Suppe statt mit Pesto mit geriebenem Parmesan servieren.

KARTOFFEL-KRAUT-SUPPE MIT CABANOSSI

1 Das Sauerkraut in einem Sieb gut ausdrücken und grob hacken. Die Zwiebel schälen und in feine Würfel schneiden. Die Kartoffeln schälen, waschen und in kleine Würfel schneiden.

2 Die Butter in einem Topf erhitzen. Die Zwiebelwürfel darin 3 Minuten anbraten. Das Kraut dazugeben und 3 Minuten mitbraten. Das Tomatenmark, den Kümmel und das Paprikapulver unterrühren und kurz anbraten. Die Kartoffeln und die Brühe hinzufügen, aufkochen und zugedeckt 20 Minuten köcheln lassen.

3 Die Cabanossi in Scheiben schneiden und in der Suppe erhitzen. Die Peperoni abtropfen lassen und in Ringe schneiden. Die saure Sahne mit dem Schnittlauch verrühren.

4 Die Suppe mit Salz und Pfeffer würzen. Zum Servieren mit Peperoni bestreuen und je 1 EL saure Sahne daraufklecksen.

Mal anders:

Statt Cabanossi können Sie Chorizo (spanische Paprikawurst) in Scheiben schneiden und in einer Pfanne ohne Fett leicht knusprig braten. Auf Küchenpapier abtropfen lassen, dann in die Suppe geben.

ZUTATEN

FÜR 4 PERSONEN
1 mittelgroße Dose mildes
Weinsauerkraut (550 g)
1 Zwiebel
600 g mehligkochende
Kartoffeln
2 EL Butter
2 EL Tomatenmark
½ TL ganzer Kümmel
1 TL edelsüßes Paprikapulver
1 l Gemüsebrühe
150 g Cabanossi
70 g eingelegte Peperoni (Glas)
4 EL saure Sahne
1 EL TK-Schnittlauch
Salz · Pfeffer aus der Mühle

 ca. 40 Min.

FRISCH EINGEKAUFT:
1 rote Paprikaschote längs halbieren, entkernen, waschen, in Streifen schneiden und mitköcheln lassen.

KAPITEL 2

PASTA & FRIENDS

Mama, gibt's heute Nudeln? Nicht nur beim Nachwuchs
sind Spaghetti & Co. heiß begehrt. Sehr praktisch, dass man
Pasta prima lagern kann und Dosentomaten ihre besten
Freunde sind. Aber auch mit grünem Gemüse, als Auflauf und
im Salat schlagen Nudeln alle Beliebtheitsrekorde. Ebenfalls
ganz oben auf der Hitliste der Familien-Lieblinge stehen Gnocchi
und Reis — man kann ja nicht jeden Tag Nudeln essen.

PASTA MMH...
LECKER

RUCK-ZUCK-KÜCHE

EASY-PEASY
PASTA AL POMODORO

Für diese kinderleichte Tomatensauce verwende ich aromatische Pelati, sonnengereifte italienische Dosentomaten. Noch italienischer wird das Ganze für mich mit 1 Prise zerdrückter Fenchelsamen.

1 Das Olivenöl in einem weiten Topf erhitzen. Tomaten, Oregano, 1 gestrichenen TL Salz sowie nach Belieben zerdrückte Fenchelsamen und Chilipulver hinzufügen. Die Dose mit 200 ml Wasser füllen, das Wasser zur Suppe gießen und aufkochen. Tomaten mit dem Kartoffelstampfer zerdrücken und das Ganze mit halb aufgelegtem Deckel bei mittlerer Hitze 10 bis 15 Minuten dicklich einköcheln lassen. Gelegentlich umrühren und eventuell nochmals fein zerstampfen.

2 Die Nudeln nach Packungsanweisung in kochendem Salzwasser bissfest garen. Abgießen, abtropfen lassen und mit der Sauce mischen. Mit Pfeffer würzen und die Kräuter unterrühren. Nach Belieben mit geriebenem Parmesan und Basilikumblättern servieren.

ZUTATEN

FÜR 4 PERSONEN
3 EL Olivenöl
1 große Dose geschälte Tomaten (800 g)
1 TL getrockneter Oregano
Salz
1 Msp. Fenchelsamen (nach Belieben)
1 Prise Chilipulver
400 g Nudeln (z.B. Spaghetti oder Penne)
Pfeffer aus der Mühle
3 EL italienische Kräuter (TK)

 ca. 20 Min.

MIT THUNFISCH UND ARTISCHOCKEN

2 Dosen Thunfisch (à 185 g) und 150 g Artischockenherzen (aus dem Glas) abtropfen lassen. Den Fisch grob zerpflücken, die Artischocken etwas kleiner schneiden. Beides unter die fertige Sauce mischen. Nudeln und TK-Petersilie unterheben, Parmesan weglassen.

MIT BÜFFEL-MOZZARELLA

2 Kugeln Büffelmozzarella in Stücke zupfen. Tomatensauce und Nudeln mischen, Mozzarella und TK-Basilikum unterheben. Mit Pecorino bestreuen und sofort servieren.

MIT KAPERN UND OLIVEN

3 bis 4 EL abgetropfte Kapern und 80 g entsteinte schwarze Oliven unter die fertige Sauce mischen und kurz erhitzen. Nudeln und TK-Petersilie unterheben. Mit Pecorino bestreuen und sofort servieren.

KINDER-
LIEBLING

+ BEST BUDDIES
DIE SAUCE SCHMECKT
AUCH ZU KURZGEBRATENEM
FLEISCH PERFEKT.

FUSILLI MIT TOMATEN-STEINPILZ-SAUCE

Pilze und Speck sind ein Erfolgsduo. Hier gesellen sich auch noch getrocknete Tomaten dazu. Das Ergebnis: eine rustikale Sauce, die auch zu Schnitzel oder Hähnchenbrust eine wirklich gute Figur macht.

1 Die getrockneten Tomaten in feine Streifen schneiden und die Steinpilze grob hacken. In eine Schüssel füllen und mit ¼ l kochendem Wasser übergießen. Zugedeckt 20 Minuten quellen lassen.

2 Das Olivenöl in einer Pfanne erhitzen und die Baconwürfel darin anbraten. Inzwischen die Zwiebel und den Knoblauch schälen und in feine Würfel schneiden. Zwiebel und Knoblauch unter den Speck mischen und alles weitere 5 Minuten anbraten.

3 Die Pilz-Tomaten-Mischung in ein Sieb abgießen, das Einweichwasser auffangen. Die Pilz-Tomaten-Mischung leicht ausdrücken, unter die Zwiebel-Speck-Mischung rühren und noch kurz mitbraten. Majoran und Oregano darüberstreuen, das Einweichwasser angießen und aufkochen lassen. Die Tomaten unterrühren und die Sauce offen bei schwacher Hitze 15 Minuten köcheln lassen.

4 Inzwischen die Nudeln nach Packungsanweisung in kochendem Salzwasser bissfest garen. In ein Sieb abgießen und abtropfen lassen. Die Sauce mit Salz und Pfeffer würzen, mit den Nudeln mischen. Mit dem Parmesan und nach Belieben mit Basilikumblättern bestreuen.

ZUTATEN

FÜR 4 PERSONEN
40 g getrocknete Tomaten (ohne Öl)
10 g getrocknete Steinpilze
1 EL Olivenöl
100 g Baconwürfel
1 Zwiebel
1 Knoblauchzehe
1 TL getrockneter Majoran
½ TL getrockneter Oregano
500 g passierte Tomaten
400 g Fusilli (ersatzweise Casareccia)
Salz · Pfeffer aus der Mühle
30 g geriebener oder gehobelter Parmesan

 ca. 25 Min.
+ 20 Min. Quellzeit

GEMELLI MIT NUSSPESTO

FIX GEMACHT — UND SO
LECKER WIE DAS ORIGINAL

PASTA ALLA
GENOVESE

MIT GRÜNEN BOHNEN UND
KARTOFFELN? ABER GERNE!

BROKKOLI-TORTIGLIONI

SO ÜBERZEUGT GEMÜSE AUCH
KLEINE FEINSCHMECKER

PASTA MIT LINSENBOLO

**DEFTIG-AROMATISCHER
GLÜCKLICHMACHER –
WÄRMT HERZ UND MAGEN**

GEMELLI MIT NUSSPESTO

1 Die Walnüsse in einer Pfanne ohne Fett anrösten, herausnehmen, abkühlen lassen und grob hacken. Die Nudeln in kochendem Salzwasser bissfest garen. Die Tomaten abtropfen lassen.

2 Den Knoblauch schälen und mit 80 g Walnüssen und den getrockneten Tomaten im Blitzhacker zerkleinern. Das Olivenöl hinzufügen und alles nicht zu fein pürieren. Zwei Drittel der Petersilie und die Zitronenschale unterrühren. Pesto mit Salz, Pfeffer und 3 EL Zitronensaft würzen.

3 Die Nudeln abgießen und abtropfen lassen, dabei etwa 200 ml Kochwasser auffangen. Die Nudeln zurück in der Topf füllen. Das Pesto, den Parmesan sowie 100 ml Kochwasser (nach Wunsch auch mehr) untermischen. Restliche Petersilie und Walnüsse unterheben. Nach Belieben mit extra Parmesan bestreuen.

ZUTATEN

FÜR 4 PERSONEN
100 g Walnusskerne
400 g Gemelli · Salz
70 g getrocknete Tomaten
(in Öl) · 1 Knoblauchzehe
100 ml Olivenöl
1 Packung TK-Petersilie (40 g)
abgeriebene Schale und Saft
von 1 kleinen Bio-Zitrone
Pfeffer aus der Mühle
20 g geriebener Parmesan

 ca. 20 Min.

PASTA ALLA GENOVESE

1 Die Kartoffeln schälen, waschen und in 1 cm große Würfel schneiden. Die Bohnen in einem Sieb heiß abbrausen und abtropfen lassen.

2 Die Nudeln in kochendem Salzwasser nach Packungsanweisung bissfest garen. 5 bis 6 Minuten vor Garzeitende Bohnen und Kartoffeln dazugeben und mitgaren. Die Pinienkerne in einer Pfanne ohne Fett anrösten, bis sie duften, dann herausnehmen. Drei Viertel davon fein hacken, restliche Pinienkerne beiseitestellen.

3 Basilikum mit Olivenöl, gehackten Pinienkernen und Parmesan verrühren. Die Nudelmischung abgießen, dabei etwas Kochwasser auffangen, und tropfnass in den Topf zurückgeben. Das Basilikum-Pinien-Öl und die ganzen Pinienkerne unterrühren. Bei Bedarf etwas Kochwasser dazugeben, salzen und pfeffern.

ZUTATEN

FÜR 4 PERSONEN
300 g festkochende Kartoffeln
400 g TK-Prinzessbohnen
400 g Linguine oder Bavette
Salz
30 g Pinienkerne
50 g TK-Basilikum
8 EL Olivenöl
30 g geriebener Parmesan
Pfeffer aus der Mühle

 ca. 35 Min.

BROKKOLI-TORTIGLIONI

1 Den Brokkoli nach Packungsanweisung auftauen und abtropfen lassen. Die Tomaten abtropfen lassen und fein würfeln.

2 Die Nudeln in kochendem Salzwasser nach Packungsanweisung bissfest garen. In einem weiten Topf das Olivenöl erhitzen. Den Knoblauch-Mix darin 3 Minuten anbraten. Brokkoli, Kapern, Tomatenwürfel und Brühe hinzufügen. Aufkochen und zugedeckt 5 Minuten garen. Den Mozzarella in Stückchen zupfen.

3 Die Brokkolimischung grob zerstampfen und mit Salz, Pfeffer und Chiliflocken würzen. Die Nudeln abgießen, dabei etwas Kochwasser auffangen, und unter die Brokkolimischung heben. Den Mozzarella zusammen mit der Hälfte des Parmesans unterheben. Nach Belieben etwas Kochwasser untermischen. Mit dem restlichen Parmesan bestreuen.

ZUTATEN

FÜR 4 PERSONEN
800 g TK-Brokkoli · 80 g getrocknete Tomaten (in Öl)
400 g Tortiglioni
Salz · 4 EL Olivenöl
4 EL TK-Knoblauch-Mix
2 EL kleine Kapern
200 ml Gemüsebrühe
125 g Büffelmozzarella
Pfeffer · ¼ TL Chiliflocken
30 g geriebener Parmesan

 ca. 35 Min.

PASTA MIT LINSENBOLO

1 Das Olivenöl in einem Topf erhitzen. Den Zwiebel-Mix und das Suppengemüse darin 3 Minuten anbraten. Die Gewürze im Mörser fein zerreiben, unter das Gemüse rühren und kurz mitbraten. Die Tomaten unterrühren, aufkochen und zugedeckt bei schwacher Hitze 15 Minuten köcheln lassen. Die Nudeln in kochendem Salzwasser nach Packungsanweisung bissfest garen.

2 Die Linsen in ein Sieb abgießen, kalt abspülen und abtropfen lassen. Unter die Tomatensauce rühren und erhitzen, mit Salz und Pfeffer würzen. Die Bratwürste nach Belieben in einer Pfanne in etwas Öl rundherum schön braun braten. Herausnehmen und in Scheiben schneiden.

3 Nudeln abgießen und abtropfen lassen. Die Wurst unter die Sauce mischen, mit den Nudeln und dem Parmesan anrichten.

ZUTATEN

FÜR 4 PERSONEN
2 EL Olivenöl · 2 EL TK-Zwiebel-Mix · 75 g TK-Suppengemüse · je ½ TL Korianderkörner, Fenchelsamen und getrockneter Thymian · 500 g passierte Tomaten · 400 g Farfalle · Salz 1 Dose kleine braune Linsen (240 g) · Pfeffer aus der Mühle 4 grobe Bratwürstchen 30 g geriebener Parmesan

 ca. 20 Min.

DREI-KÄSE-NUDELAUFLAUF MIT BLATTSPINAT

Das Schöne an einem Auflauf ist, dass man ihn bestens variieren kann. Sie haben eine andere Sorte Rahm-Gemüse auf Lager? Kein Problem. Und auch bei Käse und Nudeln nimmt der Auflauf Tauschaktionen nicht übel.

1 Den Backofen auf 200 °C vorheizen. Die Nudeln nach Packungsanweisung in Salzwasser bissfest garen. Den Spinat nach Packungsanweisung auftauen lassen, ab und zu umrühren. In eine große Schüssel umfüllen und etwas abkühlen lassen. Mit Salz, Pfeffer und 1 Prise Muskatnuss kräftig würzen.

2 Den Schinken in feine Würfel schneiden. Die Nudeln in ein Sieb abgießen, kalt abbrausen und abtropfen lassen. Nudeln, Reibekäse und Schinkenwürfel unter den Spinat mischen. Den Gorgonzola oder Bavaria blu in Stückchen zupfen und locker unterheben. Alles in eine Auflaufform füllen.

3 Die Semmelbrösel, den Parmesan und das Olivenöl mit den Fingern sorgfältig mischen und auf den Nudeln verteilen. Den Auflauf im Ofen auf der zweiten Schiene von unten 20 bis 25 Minuten backen.

Mal anders:

Veggies ersetzen den Schinken durch 60 g getrocknete, fein gewürfelte Tomaten (in Öl). Verwenden Sie statt der Nudeln zur Abwechslung 500 g Frischteig-Tortelloni (aus dem Kühlregal).

Tipp:

Kein TK-Rahm-Blattspinat im Haus? Dann 1 Packung Blattspinat (500 g) auftauen, leicht ausdrücken und grob hacken. In 150 g Sahne mit 2 EL Zwiebel-Mix 5 Minuten köcheln lassen.

ZUTATEN

FÜR 4 PERSONEN
250 g Nudeln
(z.B. Maccheroncini)
Salz
1 Packung TK-Rahm-
Blattspinat (540 g)
Pfeffer aus der Mühle
frisch geriebene Muskatnuss
150 g gekochter Schinken
100 g geriebener Käse (z.B.
Emmentaler)
120 g Gorgonzola oder
Bavaria blu
3 EL Semmelbrösel
30 g geriebener Parmesan
2 EL Olivenöl

 ca. 20 Min.
+ ca. 25 Min. Backzeit

NUDEL-WURST-SALAT MIT GÜRKCHEN

1 Die Nudeln nach Packungsanweisung in Salzwasser bissfest garen. Den Emmentaler und die Fleischwurst in kleine Würfel schneiden. Die Cornichons in Scheiben schneiden. Den Schmand mit dem Senf verrühren.

2 Die Nudeln in ein Sieb abgießen, dabei etwa 200 ml Kochwasser auffangen. Nudeln kalt abbrausen, abtropfen lassen und in eine Schüssel füllen. Käse, Wurst und Cornichons dazugeben. Den Senf-Schmand, 100 ml Nudelkochwasser sowie den Schnittlauch unterheben.

3 Den Salat mit Salz und Pfeffer und etwas Gurkenflüssigkeit aus dem Cornichons-Glas würzen. Nach Belieben durchziehen lassen, anschließend nochmals würzen und eventuell weiteres Kochwasser unterheben.

Mit Erbsen und Mais:

In den letzten 3 Minuten 150 g TK-Erbsen zu den Nudeln geben und mitgaren. Beides in ein Sieb abgießen, kalt abbrausen, abtropfen lassen und in eine Schüssel füllen. 1 kleine Dose Mais (140 g Abtropfgewicht), Wurst und Käse (wie oben beschrieben) unter den Nudel-Mix mischen. 200 g Schmand mit 3 EL Ketchup und 2 EL TK-Gartenkräutern verrühren, unter den Nudel-Mix heben. Nudelkochwasser untermischen, mit Salz, Pfeffer und 1 bis 2 EL Weißweinessig würzen.

ZUTATEN

FÜR 4 PERSONEN
200 g Nudeln (z.B. Trulli, Hörnchen, Spiralen)
Salz
150 g Emmentaler (am Stück)
150 g Fleischwurst (am Stück)
200 g Cornichons (aus dem Glas)
200 g Schmand
1—2 EL Senf
3 EL TK-Schnittlauch
Pfeffer aus der Mühle

 ca. 20 Min.

GNOCCHI MIT KÜRBIS UND FETA

Wenn die kleinen Kartoffelklößchen aus Italien ins kochende Wasser purzeln, sollte die Sauce schon gekocht sein, denn sie sind wirklich in Minutenschnelle fertig. Und der Kürbis gart im Backofen fast von allein.

1 Den Backofen auf 200 °C vorheizen. Den Kürbis halbieren, das faserige Innere samt Kernen mit einem Löffel herauskratzen. Kürbis schälen, in 1 bis 2 cm dicke Scheiben, dann in 1 bis 2 cm große Stücke schneiden und in eine große Auflaufform geben.

2 Den Kürbis mit Thymian, Rosmarin, Salz, Pfeffer und Chilipulver bestreuen, mit Olivenöl beträufeln. Gut mischen und im Ofen auf der mittleren Schiene 10 Minuten backen.

3 Die Haselnüsse grob hacken und unter den Kürbis mischen. Kürbis mit Zucker bestreuen und weitere 10 Minuten backen, bis er weich ist. Kurz vor Garzeitende die Brühe angießen.

4 Die Gnocchi nach Packungsanweisung in Salzwasser garen. Abgießen, abtropfen lassen und unter die Kürbismischung heben. Das Basilikum untermischen. Gnocchi-Kürbis-Mix mit Salz und Pfeffer würzen und auf Teller verteilen. Den Feta zerbröckeln und darüberstreuen.

lecker!

ZUTATEN

FÜR 4 PERSONEN
750 g Butternutkürbis
1 TL getrockneter Thymian
1 TL getrockneter Rosmarin
Salz · Pfeffer aus der Mühle
Chilipulver
3 EL Olivenöl
30 g Haselnusskerne
1 TL brauner Zucker
150 ml Gemüsebrühe
800 g Gnocchi (aus dem Kühlregal)
2 EL TK-Basilikum
150 g Feta (Schafskäse)

 ca. 35 Min.

GNOCCHI MIT ERBSEN UND RÄUCHERLACHS

Alle Saucen, die zu Gnocchi passen, schmecken auch zu Nudeln. Und umgekehrt. In diesem Fall ist es eine cremige Erbsensauce. Mein Tipp: Servieren Sie den Lachs separat dazu, für den Fall, dass (kleine) Fisch-Verweigerer mit am Tisch sitzen.

1 Die Schalotten und den Knoblauch schälen und in feine Würfel schneiden. Die Butter in einem Topf erhitzen, Schalotten und Knoblauch darin etwa 5 Minuten dünsten. Mit der Brühe ablöschen, die Erbsen dazugeben, aufkochen und zugedeckt 5 Minuten köcheln lassen.

2 Etwa ein Drittel der Erbsen aus dem Topf nehmen und beiseitestellen. Den Topfinhalt mit einem Stabmixer grob pürieren. Den Ziegenfrischkäse und den Parmesan unterrühren, die ganzen Erbsen wieder dazugeben und die Sauce mit Salz und Pfeffer würzen. Die Kräuter untermischen.

3 Die Gnocchi nach Packungsanweisung in Salzwasser garen, abtropfen lassen und mit der Sauce mischen. Nach Belieben pfeffern. Den Lachs in Streifen schneiden. Die Gnocchi auf Teller verteilen und den Lachs darauf anrichten.

ZUTATEN

FÜR 4 PERSONEN
2 Schalotten
1 Knoblauchzehe
1 EL Butter
200 ml Gemüsebrühe
300 g TK-Erbsen
4 EL Ziegenfrischkäse
20 g geriebener Parmesan
Salz · Pfeffer aus der Mühle
2 EL TK-Gartenkräuter
800 g Gnocchi (aus dem Kühlregal)
150 g Räucherlachs

 ca. 25 Min.

KINDER-
LIEBLING

+ MAL ANDERS

GNOCCHI STATT MIT LACHS
MIT KRABBEN ODER SCHINKEN-
WÜRFELN BESTREUEN

MIE-NUDELN MIT ASIA-GEMÜSE UND GARNELEN

Auch in asiatischen Ländern spielen Nudeln eine große Rolle. Besonders praktisch, weil extrafix gar, sind Mie-Nudeln. Zusammen mit Wok-Gemüse und Garnelen beweisen sie, dass raffiniert kochen ganz einfach ist.

1 Die Garnelen in ein Sieb geben, mit kaltem Wasser abspülen und beiseitestellen. Den Ingwer und die Zwiebel schälen und in feine Würfel schneiden.

2 Das Öl in einem Wok erhitzen, Ingwer und Zwiebel darin 5 Minuten dünsten. Die Currypaste unterrühren, kurz anbraten. Das Asia-Gemüse hinzufügen. Die Kokosmilch und 200 ml Wasser hinzufügen und aufkochen lassen. Alles zugedeckt 5 Minuten köcheln lassen.

3 Die Nudeln nach Packungsanweisung zubereiten. Die Erbsen unter das Gemüse mischen, weitere 3 Minuten köcheln lassen. Die Garnelen schälen, am Rücken entlang einschneiden und jeweils den Darm entfernen, Garnelen waschen und trocken tupfen. Die Erdnüsse grob hacken.

4 Das Gemüse mit Fischsauce, Salz und Limettensaft würzen. Die Garnelen hinzufügen und zugedeckt etwa 3 Minuten gar ziehen lassen. Die Nudeln mit der Asia-Gemüsesauce anrichten und mit Erdnüssen bestreuen.

Frisch eingekauft:

200 g Hähnchenbrustfilet in Würfel schneiden, statt der Garnelen 5 Minuten im Curry mitköcheln lassen.

ZUTATEN

FÜR 4 PERSONEN
250 g TK-Garnelen (Tiger Prawns; roh, ohne Kopf)
1 Stück Ingwer (ca. 20 g)
1 große Zwiebel
2 EL Öl
1–2 EL rote Thai-Currypaste
600 g TK-Asia-Gemüse (ungewürzt)
400 ml Kokosmilch
250 g Mie-Nudeln (Instant-Nudeln)
200 g TK-Erbsen
50 g geröstete, gesalzene Erdnusskerne
4 EL Thai-Fischsauce
Salz
Saft von 1 Limette

 ca. 35 Min.

AROMAPLUS:
Für einen zusätzlichen Frischekick 1 Handvoll Korianderblättchen über das Wokgericht streuen.

ROTE-BETE-RISOTTO MIT PROSCIUTTO

Nicht nur die Prinzessinnen in der Familie werden sich über dieses rosarote Reisgericht freuen. Dank der vorgekochten Roten Beten macht es nämlich kaum Arbeit. Für extra Würze sorgen Pecorino und Schinken.

1 Die Roten Beten abtropfen lassen und in 1 cm große Würfel schneiden, dabei am besten Einweghandschuhe tragen, da die Knollen stark abfärben. Die Brühe aufkochen.

2 In einem weiten Topf 2 EL Butter erhitzen. Den Knoblauch-Mix darin dünsten. Die Rote-Bete-Würfel dazugeben und 2 Minuten anbraten, mit Salz und Thymian würzen. Den Reis hinzufügen, 2 bis 3 Minuten mitbraten. Mit Saft ablöschen und einkochen lassen. Nach und nach die heiße Brühe angießen und bei schwacher Hitze etwa 20 Minuten köcheln lassen, bis der Risotto cremig, der Reis aber noch bissfest ist.

3 Den Schinken in einer Pfanne ohne Fett knusprig anbraten. Den fertigen Risotto von der Kochstelle ziehen, die restliche Butter, den Pecorino und das Basilikum unterrühren. Den Risotto mit Salz und Pfeffer würzen. Den Schinken in grobe Stücke teilen und darauf verteilen. Nach Belieben noch etwas Pecorino und Basilikumblätter darüberstreuen.

Mal anders:

Das Rezept klappt auch wunderbar, wenn Sie Kürbis statt Roter Bete verwenden.

Veggies lassen auf jeder Portion Risotto 1 bis 2 Scheiben Camembert oder Ziegenweichkäse schmelzen oder bestreuen den Risotto mit 100 g zerbröckeltem Feta.

ZUTATEN

FÜR 4 PERSONEN
400 g Rote Beten (vorgegart und vakuumiert)
900 ml Gemüsebrühe
4 EL Butter
2 EL TK-Knoblauch-Mix
Salz
1 TL getrockneter Thymian
300 g Risottoreis
100 ml frisch gepresster Orangensaft
100 g Parmaschinken (oder anderer italienischer luftgetrockneter Schinken)
30 g geriebener Pecorino
2 EL TK-Basilikum
Pfeffer aus der Mühle

 ca. 35 Min.

KAPITEL 3

PIZZA
QUICHE & CO.

Wie schön das knuspert! Seit es Frischteige aus dem Kühlregal gibt, ist bei uns einmal die Woche Pizzatag. Denn nichts geht leichter von der Hand — und kann so gut variiert werden. Papa mag keinen Thunfisch? Kriegt er eben Schinken. Kind mag keine Artischocken? Kriegt es eben Salami. Aber auch Quiches und Flammkuchen haben das Zeug zum Familien-Favoriten, denn ich belege sie mit bunten Zutaten und viel leckerem Käse.

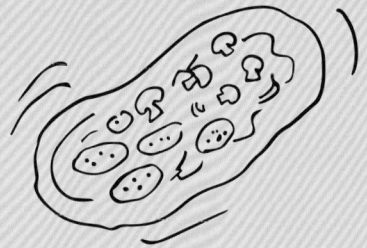

RUCK-ZUCK-KÜCHE

ANTIPASTI-PIZZA

Beim Pizzabelag scheiden sich die Geister: Es gibt Dick-Beleger und Dünn-Beleger. Ich gehöre eher zur letzten Gruppe. Scheuen Sie sich also nicht, die Zutatenmengen ein wenig zu erhöhen. Erlaubt ist, was gefällt.

1 Den Backofen nach Packungsanweisung auf 220 °C vorheizen. Artischocken, Paprika und Oliven in einem Sieb gut abtropfen lassen. Die Artischocken und die Oliven vierteln, die Paprika in Streifen schneiden. Den Mozzarella in kleine Würfel schneiden.

2 Den Pizzateig samt Papier auf einem Backblech entrollen und mit den Tomaten bestreichen. Mit Salz, Pfeffer und Oregano würzen, mit Artischocken, Paprika und Oliven belegen. Die Mozzarellawürfel gleichmäßig auf der Pizza verteilen.

3 Die Pizza im Ofen auf der zweiten Schiene von unten oder nach Packungsanweisung etwa 20 Minuten backen.

ZUTATEN

FÜR 1 BACKBLECH
3 marinierte Artischocken-herzen (ca. 90 g; aus dem Glas)
100 g gegrillte Paprikaschoten (aus dem Glas)
30 g Oliven (ohne Stein)
200 g Mozzarella
1 Packung frischer Pizzateig XXL (550 g; aus dem Kühlregal)
150 g Pizzatomaten (aus der Dose)
Salz · Pfeffer aus der Mühle
1 TL getrockneter Oregano

 ca. 15 Min.
+ 20 Min. Backzeit

MAL ANDERS

Pizza mit Tomaten bestreichen und würzen. Mit 2 in Scheiben geschnittenen roten Zwiebeln, 2 Dosen abgetropftem, zerpflücktem Thunfisch (naturell; à 185 g) und 2 EL Kapern belegen. Den Mozzarella darauf verteilen und die Pizza wie beschrieben backen.

FRISCHEKICK

50 g Rucola waschen und trocken schütteln. Grobe Stiele entfernen. Nach dem Backen die Pizza gleichmäßig damit bestreuen.

PASST AUCH

Statt Pizzatomaten können Sie auch stückige Tomaten verwenden. Diese kurz pürieren und kräftig mit Salz, Pfeffer, Oregano und nach Belieben mit etwas Chilipulver würzen.

GANZ EASY

PIZZA MIT FENCHEL UND LACHS

Den feinen Räucherfisch mitzubacken, käme mir nicht in den Sinn. Ich gebe ihn erst nach dem Backen auf die Pizza. Zusammen mit dem Schmand, frisch aus dem Kühlschrank, sorgt er nämlich für einen schönen Kontrast zum knusprig-heißen Fladen.

1 Den Backofen nach Packungsanweisung auf 220 °C vorheizen. Den Fenchel putzen, waschen, längs halbieren und den harten Strunk keilförmig herausschneiden. Fenchel in dünne Scheiben hobeln. Die Zwiebel schälen und ebenfalls in dünne Scheiben hobeln. Den Mozzarella abtropfen lassen.

2 Den Pizzateig samt Papier auf einem Backblech entrollen und mit den Tomaten bestreichen. Den Fenchel und die Zwiebelscheiben darauf verteilen, den Mozzarella in kleine Stücke zupfen und darübergeben. Die Pizza kräftig mit Salz und Pfeffer würzen und im Ofen auf der zweiten Schiene von unten oder nach Packungsanweisung etwa 20 Minuten backen.

3 Den Schmand mit dem Dill verrühren. Den Räucherlachs nach Belieben in Streifen schneiden. Die Pizza aus dem Ofen nehmen, in Stücke schneiden und den Lachs darauf verteilen. Mit dem Dillschmand servieren.

ZUTATEN

FÜR 1 BACKBLECH
1 Fenchelknolle (350 g)
1 Zwiebel
1 Kugel Büffelmozzarella (125 g)
1 Packung frischer Pizzateig
XXL (550 g; aus dem Kühlregal)
150 g Pizzatomaten (aus der Dose)
Salz · Pfeffer aus der Mühle
150 g Schmand
1 EL TK-Dill
150 g Räucherlachs (in dünnen Scheiben)

 ca. 20 Min.
+ ca. 20 Min. Backzeit

EASY-PEASY TEXMEX-PIZZAKUCHEN

Unglaublich, wie schnell man aus Brötchenteig einen pikanten Kuchen zaubern kann. Einfach Salsa, buntes Gemüse und Käse drauf, schon ist ein Imbiss fertig, der auch auf Kindergeburtstagen Erfolge feiert.

1   Den Backofen auf 200 °C vorheizen. Den Mais-Mix in ein Sieb abgießen und gut abtropfen lassen. Die Springform mit Olivenöl einfetten.

2   Den Brötchenteig aus der Dose nehmen, in die einzelnen Brötchenstücke trennen und mit einem Messer jeweils waagerecht halbieren. Die 16 Teigstücke dicht an dicht in die Form legen und dort, wo noch große Lücken vorhanden sind, etwas zusammendrücken.

3   Den Mais-Mix auf dem Teig verteilen, leicht andrücken. Die Salsa löffelweise darüber verteilen. Mit Oregano und geriebenem Gouda bestreuen. Den „Kuchen" im Ofen auf der unteren Schiene 20 bis 25 Minuten backen. Den Kuchen kurz abkühlen lassen, dann in einzelne Stücke teilen. Saure Sahne oder Guacamole glatt rühren und dazu servieren.

Mal anders:

Statt Mais-Mix fein gewürfelte Salami, Schinken oder Oliven auf dem Teig verteilen, statt Taco-Salsa Pizzatomaten verwenden.

ZUTATEN

FÜR 1 SPRINGFORM (26 CM)
1 Dose Mais-Mix (Mais, Paprika, rote Bohnen; Abtropfgewicht 265 g)
1 TL Olivenöl
1 Dose Sonntagsbrötchen-Teig (8 Stück; aus dem Kühlregal)
200 g Taco-Salsa (aus dem Glas)
½ TL getrockneter Oregano
80 g geriebener Gouda
1 Becher saure Sahne oder fertige Guacamole (aus dem Kühlregal)

 ca. 10 Min.
+ 25 Min. Backzeit

KARTOFFELFLAMM-KUCHEN MIT SCHINKEN

Mit dem Belag von Flammkuchen verhält es sich wie mit Pizza: alles kann, nichts muss. Natürlich können Sie die dünnen Fladen klassisch mit Speck und Zwiebeln belegen. Uns schmecken sie mit Kartoffeln noch besser.

1 Den Backofen auf 220 °C vorheizen. Die Kartoffeln schälen, waschen und in etwa 2 mm dünne Scheiben hobeln. In einer Schüssel mit dem Olivenöl mischen.

2 Den Flammkuchenteig samt Backpapier auf einem Backblech entrollen (oder 2 kleine Flammkuchenböden auf ein Backblech legen). Bis kurz vor dem Rand mit der Hälfte des Schmands bestreichen und mit 1 TL Majoran bestreuen. Die Hälfte der Kartoffeln dicht an dicht (sie sollen nicht zu sehr überlappen) darauf verteilen. Mit Salz, Pfeffer und 1 TL Rosmarin würzen.

3 Den Flammkuchen im Ofen auf der unteren Schiene oder nach Packungsanweisung etwa 15 Minuten knusprig backen. Nach 10 Minuten die Hälfte der Schinkenwürfel darauf verteilen. Den zweiten Boden (oder die übrigen 2 kleinen Böden) mit den restlichen Zutaten ebenso belegen und backen.

Mal anders:

350 g Süßkartoffeln hobeln, wie oben beschrieben würzen und mit Öl vermischen. 250 g Ziegenfrischkäse mit 5 EL Sahne glatt rühren, Flammkuchen damit bestreichen, mit 2 TL getrocknetem Thymian würzen. Mit Süßkartoffeln und nach Belieben mit 100 g Baconstreifen belegen. Wie beschrieben backen.

ZUTATEN

FÜR 4 PERSONEN
500 g kleine festkochende Kartoffeln
2 EL Olivenöl
2 Packungen frischer Flammkuchenteig (à 260 g; aus dem Kühlregal) oder 1 Packung Flammkuchenböden (4 Stück à 85 g; aus dem Kühlregal)
300 g Schmand
2 TL getrockneter Majoran
Salz oder Knoblauchsalz
Pfeffer aus der Mühle
2 TL getrockneter Rosmarin
100 g Rohschinkenwürfel

 ca. 15 Min.
+ ca. 30 Min. Backzeit

FLAMMKUCHEN MIT CAMEMBERT UND APFEL

1 Den Backofen auf 250 °C vorheizen. Den Camembert in Scheiben schneiden. Die Zwiebel schälen, halbieren und in dünne Scheiben schneiden oder hobeln. Die Äpfel gründlich waschen und rund um das Kerngehäuse in dünne Scheiben hobeln.

2 Zwei Flammkuchenböden auf ein Backblech legen (oder 1 Flammkuchenteig samt Backpapier auf dem Backblech entrollen). Bis kurz vor dem Rand mit der Hälfte der Crème fraîche bestreichen und mit 1 TL Thymian bestreuen. Die Hälfte der Zwiebel- und Apfelscheiben darauf verteilen, mit der Hälfte der Camembertscheiben belegen. Mit Salz, Pfeffer und ½ TL Thymian würzen.

3 Die Flammkuchen im Ofen auf der unteren Schiene oder nach Packungsanweisung etwa 15 Minuten knusprig backen. Übrige zwei Böden (oder restlichen Boden) mit den restlichen Zutaten ebenso belegen und backen.

Mal anders:

Ziegenweichkäse statt Camembert und Birnen statt Äpfel verwenden.

ZUTATEN

FÜR 4 PERSONEN
250 g Camembert
1 rote Zwiebel
2 kleine Äpfel
1 Packung Flammkuchenböden
(4 Stück à 85 g; aus dem
Kühlregal) oder 2 Packungen
frischer Flammkuchenteig
(à 260 g; aus dem Kühlregal)
250 g leichte Crème fraîche
3 TL getrockneter Thymian
Salz · Pfeffer aus der Mühle

 ca. 15 Min.
+ ca. 30 Min. Backzeit

mmh!

SPINAT-FETA-TASCHEN

1 Den Spinat nach Packungsanweisung auftauen lassen, ab und zu umrühren. In ein Sieb abgießen, etwas ausdrücken und grob hacken. Das Olivenöl in einem Topf erhitzen und den Zwiebel-Mix darin anbraten. Spinat hinzufügen und bei mittlerer Hitze 3 bis 5 Minuten mitbraten. In eine große Schüssel umfüllen und abkühlen lassen.

2 Den Feta mit einer Gabel fein zerdrücken und mit Spinat, Dill, Minze sowie 1 Ei verrühren. Die Füllung mit Salz und Pfeffer kräftig würzen.

3 Den Backofen auf 220 °C vorheizen. Den Blätterteig auseinanderrollen. Mit einer kleinen Schüssel (12 cm Durchmesser) sechs Kreise markieren, diese mit einem spitzen Messer ausschneiden. Überschüssigen Teig entfernen und nach Belieben daraus kleine Formen ausstechen und mitbacken.

4 Die Ränder der Teigkreise mit kaltem Wasser bestreichen. Jeweils 1 gehäuften EL Spinatfüllung in die Mitte setzen und die Kreise zu Halbmonden zusammenklappen. Die Ränder gut andrücken und die Teigtaschen auf ein mit Backpapier belegtes Backblech legen.

5 Das übrige Ei verquirlen, die Teigtaschen damit bestreichen und mit Schwarzkümmel oder Sesam bestreuen. Auf der zweiten Schiene von unten 15 bis 20 Minuten goldbraun backen.

Tipp:

Natürlich können Sie die Blätterteigplatte auch in Rechtecke oder Quadrate schneiden, die Sie nach dem Füllen zu kleinen Rechtecken oder Dreiecken zusammenklappen.

ZUTATEN

FÜR 12 STÜCK
500 g TK-Blattspinat
2 EL Olivenöl
2 EL Zwiebel-Mix
200 g Feta (Schafskäse)
2 EL TK-Dill
½ TL getrocknete Minze
2 Eier
Salz · Pfeffer aus der Mühle
2 Rollen frischer Blätterteig
(à 275 g; aus dem Kühlregal)
3 TL Schwarzkümmel oder
schwarze Sesamsamen

 ca. 30 Min.
+ ca. 20 Min. Backzeit

KÄSE-SCHINKEN-„NATAS"

Kennen Sie die kleinen portugiesischen Vanilletörtchen? Sie haben mich zu dieser salzigen Variante inspiriert. Sie erinnert ein wenig an Quiche Lorraine und eignet sich auch hervorragend für Party und Picknick.

1 Den Backofen auf 230 °C vorheizen. In einem Messbecher die Sahne mit den Eiern verquirlen und mit Salz, Pfeffer und 1 Prise Muskatnuss würzen. Salz dabei sparsam dosieren, da auch der Schinken salzig ist. Schinkenwürfel und Reibekäse in einer Schüssel mischen.

2 Den Blätterteig samt Backpapier auseinanderrollen, den Teig dann von der schmalen Seite her stramm aufrollen. Die Enden der Rolle gerade schneiden und die Rolle in 12 Scheiben à 2 cm schneiden. Die Teigscheiben auf dem Backpapier mit dem Handballen flach drücken, dann zu Kreisen mit etwa 11 cm Durchmesser ausrollen. Die Mulden eines Muffinblechs kalt ausspülen und die Teigkreise hineinsetzen.

3 Die Käse-Schinken-Mischung gleichmäßig auf die Mulden verteilen. Die Eiersahne darübergießen. Die Törtchen im Ofen auf der unteren Schiene 20 bis 25 Minuten goldbraun backen. Aus dem Ofen nehmen, etwa 10 Minuten abkühlen lassen. Den Rand der Törtchen mit einem Messer lösen, die Törtchen aus den Mulden heben und auf einem Kuchengitter abkühlen lassen.

Mal anders:

Eine Tarte- oder Springform (28 cm) mit Blätterteig auslegen, überstehenden Teig abschneiden. Schinken-Käse-Mischung darin verteilen, mit Eiersahne übergießen und wie oben beschrieben backen.

BUNTE GEMÜSEQUICHE

1 Den Backofen auf 190 °C vorheizen. Das Gemüse auftauen. In eine Schüssel füllen und abkühlen lassen. Die Tomaten abtropfen lassen, klein würfeln und mit dem Gemüse mischen. Die Tarteform mit Öl ausfetten.

2 Die Form mit dem Teig auskleiden. Am Rand überstehenden Teig einschlagen und gut andrücken. Die Eier mit Schmand und Parmesan verquirlen, mit Salz und Pfeffer würzen.

3 Das abgetropfte Gemüse auf dem Teig verteilen, mit Basilikum bestreuen. Die Eiersahne darübergießen. Die Quiche im Ofen auf der untersten Schiene oder nach Packungsanweisung 45 bis 55 Minuten backen.

ZUTATEN

FÜR 1 TARTEFORM (28 CM)
1 Packung TK-Gemüse-mischung (ungewürzt; 450 g)
40 g getrocknete Tomaten (in Öl) · 1 TL Öl · 1 Packung Quiche-teig (rund; aus dem Kühlregal)
3 Eier · 200 g Schmand
40 g geriebener Parmesan
Salz · Pfeffer aus der Mühle
2 EL TK-Basilikum

 ca. 25 Min.
+ ca. 55 Min. Backzeit

EASY LAUCHQUICHE

1 Den Backofen auf 190 °C vorheizen. Lauch auftauen, in eine Schüssel füllen, abkühlen lassen. Nüsse in einer Pfanne ohne Fett anrösten. Die Tarteform mit Öl ausfetten.

2 Die Form mit dem Teig auskleiden. Am Rand überstehenden Teig einschlagen und gut andrücken. Zwei Drittel der Nüsse auf dem Teigboden verteilen.

3 Die Eier mit dem Rahm-Lauch und dem Käse verquirlen, mit Salz, Pfeffer und je 1 Prise Muskatnuss und Kümmel herzhaft würzen. Die Füllung in die Form gießen. Die Quiche im Ofen auf der untersten Schiene oder nach Packungsanweisung 45 bis 55 Minuten backen. Mit den restlichen Nüssen bestreuen. Nach Belieben mit knusprigen Speckstreifen garnieren.

ZUTATEN

FÜR 1 TARTEFORM (28 CM)
500 g TK-Rahm-Lauch
50 g gehobelte Haselnüsse
1 TL Öl
1 Packung Quicheteig (rund; aus dem Kühlregal) · 3 Eier
100 g geriebener Emmentaler
Salz · Pfeffer aus der Mühle
frisch geriebene Muskatnuss
gemahlener Kümmel

 ca. 20 Min.
+ ca. 55 Min. Backzeit

VEGGIE

KNUSPRIGER KRAUTSTRUDEL

Strudel erinnern mich an meine Kindheit. Aber um den dünnen Teig herzustellen, fehlt mir oft die Zeit. Da kommt mir der fertige Strudelteig gerade recht. Ich fülle ihn mit Sauerkraut, Ananas und Kasseler. Ein Fest für Strudel-Fans!

1 Den Backofen auf 180 °C vorheizen. Das Sauerkraut in ein Sieb geben und ausdrücken. Die Zwiebel schälen und in feine Würfel schneiden. Das Öl in einer großen Pfanne erhitzen und die Zwiebel darin etwa 3 Minuten anbraten. Das Kraut hinzufügen und 5 Minuten weiterbraten.

2 Die Ananas und die Paprika abtropfen lassen und in Stücke schneiden. Das Kasseler würfeln. Alles unter das Kraut mischen und kurz mitdünsten. Mit Salz und Pfeffer würzen und beiseitestellen.

3 Die Butter schmelzen lassen. Die Chips grob zerdrücken. Ein angefeuchtetes Geschirrtuch auf die Arbeitsfläche legen. 1 Strudelteigblatt darauflegen, mit etwas Butter bestreichen, ein zweites Teigblatt darauflegen und erneut bestreichen. Mit den Chips bestreuen. Ein drittes Teigblatt auflegen, mit Butter bestreichen und mit dem letzten Teigblatt abdecken.

4 Die Sauerkrautmischung als breiten Streifen auf das untere Drittel der Teigplatte verteilen, seitlich jeweils einen etwa 3 cm breiten Rand frei lassen. Die Seiten über die Füllung schlagen und die Teigplatte aufrollen.

5 Den Strudel mit der Naht nach unten auf ein mit Backpapier belegtes Backblech legen. Mit der restlichen Butter bestreichen und im Ofen auf der mittleren Schiene etwa 35 Minuten goldbraun backen. Den Joghurt mit etwas Salz und Paprikapulver verrühren. Den Strudel in Stücke schneiden und mit Joghurtdip servieren.

ZUTATEN

FÜR 4 PERSONEN
1 mittelgroße Dose mildes Weinsauerkraut (550 g)
1 Zwiebel
1 EL Öl
130 g Ananasstücke (aus der Dose)
60 g geröstete rote Paprikaschoten (aus dem Glas)
80 g Kasseler Aufschnitt
Salz · Pfeffer aus der Mühle
40 g Butter
40 g Kartoffelchips
4 frische Strudelteigblätter (à 46 × 35 cm; aus dem Kühlregal)
250 g griechischer Joghurt
¼ TL edelsüßes Paprikapulver

 ca. 25 Min.
+ 35 Min. Backzeit

KAPITEL 4

GEMÜSE GLÜCK

Was liegt denn da noch in der Gemüsekiste? Wer aus dem Vorrat kocht, muss auf frische Zutaten keineswegs verzichten, denn die Natur beschenkt uns großzügig mit Gemüsesorten, die lange Lagerzeiten problemlos überstehen. Kürbis, Kartoffeln, Süßkartoffeln, Wurzelgemüse, Zwiebeln oder Kohl sind eine willkommene Basis für Lieblingsgerichte wie Ofengemüse, Sattmacher-Salate oder Currys.

RUCK-ZUCK-KÜCHE

ROTE-BETE-APFEL-SALAT MIT FORELLENTOAST

Äpfel habe ich immer im Haus. Für ein schnelles Apfelmus — und weil ich ein großer Rote-Bete-Fan bin. Zu den milderdigen Knollen passt dieses Obst nämlich ganz hervorragend. Probieren Sie es aus!

1 Die Roten Beten abtropfen lassen, vierteln und in Scheiben schneiden. Dabei am besten Einweghandschuhe tragen, da die Knollen stark abfärben. Die Äpfel waschen und trocken reiben. Die Äpfel vierteln, jeweils das Kerngehäuse entfernen und das Fruchtfleisch in kleine Würfel schneiden. Die Cornichons in Scheiben schneiden. Alles in einer Schüssel mischen.

2 Den Essig mit Salz, Pfeffer, Senf und Olivenöl verquirlen und über den Salat träufeln. 2 EL Schnittlauch untermischen und den Salat nochmals mit Salz und Pfeffer abschmecken.

3 Das Sandwichbrot toasten. Das Forellenfilet mit einer Gabel fein zerdrücken und mit dem Schmand verrühren. Die rosa Pfefferbeeren mit den Fingern zerdrücken, mit 2 EL Schnittlauch unter die Forellencreme mischen. Die Creme mit Salz und Pfeffer würzen.

4 Die Forellencreme auf den Toasts verteilen und die Brote jeweils diagonal halbieren. Den Forellentoast zum Rote-Bete-Apfel-Salat servieren. Mit dem restlichen Schnittlauch garnieren.

Mal anders:

Forellentoast und Cornichons weglassen. 30 g grob gehackte Hasel- oder Walnüsse unter den Salat mischen, 200 g Feta darüberbröckeln.

ZUTATEN

FÜR 4 PERSONEN
500 g Rote Beten (vorgegart und vakuumiert)
2 säuerliche Äpfel (z.B. Elstar)
150 g Cornichons
2 EL Weißweinessig
Salz · Pfeffer aus der Mühle
1 TL Senf
4 EL Olivenöl
5 EL TK-Schnittlauch
4 Scheiben Vollkorn-Sandwichbrot
1 geräuchertes Forellenfilet (ca. 125 g)
3 EL Schmand
1 TL rosa Pfefferbeeren
Apfelchips (nach Belieben)

 ca. 20 Min.

BELEGTE PITABROTE

ZUTATEN

FÜR 4 PERSONEN
400 g Rotkohl · Salz
30 g Walnusskerne · 1 Möhre
4 Pitabrote (zum Aufbacken)
¼ TL gemahlener Kreuzkümmel
1 TL getrockneter Oregano
ca. 2 EL Zitronensaft
Pfeffer aus der Mühle
2 Packungen Halloumi (Grillkäse; à 180 g)
2 EL Öl · 8 TL Ajvar

⏱ ca. 25 Min.

1   Backofen auf 180 °C vorheizen. Rotkohl putzen und in feine Streifen schneiden. In eine Schüssel füllen, mit knapp 1 TL Salz bestreuen und mit den Händen 1 bis 2 Minuten durchkneten. Nüsse grob hacken und in einer Pfanne ohne Fett anrösten. Die Möhre putzen, schälen und in dünne Streifen hobeln.

2   Die Pitabrote nach Packungsanweisung im Ofen aufbacken. Möhre, Walnüsse, Kreuzkümmel, Oregano, Zitronensaft und Pfeffer unter den Rotkohl mischen.

3   Den Grillkäse jeweils waagerecht halbieren. Das Öl in einer Pfanne erhitzen und den Käse darin von jeder Seite 1 bis 2 Minuten goldbraun braten. Die Pitabrote waagerecht halbieren und die Innenseiten mit je 1 TL Ajvar bestreichen. Unterseiten mit Grillkäse und Rotkohlsalat belegen, obere Hälften auflegen.

FISCHSTÄBCHENWRAPS

ZUTATEN

FÜR 4 PERSONEN
2 EL Öl
12 TK-Fischstäbchen
150 g Möhren
120 g Eisbergsalat
3 EL süßscharfe Chilisauce
150 g Schmand
2 EL TK-Gartenkräuter
Salz · Pfeffer aus der Mühle
6 Weizentortillas
6 EL Mais

⏱ ca. 15 Min.

1   Das Öl in einer Pfanne erhitzen und die Fischstäbchen nach Packungsanweisung darin knusprig braten. Die Möhren putzen, schälen und in feine Streifen hobeln. Den Salat waschen und in Streifen schneiden. Die Chilisauce mit Schmand und Kräutern verrühren, mit Salz und Pfeffer würzen.

2   Die Fischstäbchen auf Küchenpapier abtropfen lassen. Die Pfanne mit Küchenpapier gründlich auswischen und die Tortillas darin nach Packungsanweisung erwärmen.

3   Die Tortillas mit je 1 EL Chili-Schmand bestreichen. Jeweils etwas Mais, Salat und Möhren in einem Streifen mittig darauf verteilen. Dabei links und rechts einen etwa 3 cm breiten Rand frei lassen. Jeweils 2 Fischstäbchen darauflegen. Die Seiten der Tortillas nach innen schlagen, die Tortillas aufrollen.

KARTOFFEL-SPINAT-CURRY MIT KICHERERBSEN

Kokosmilch ist die ideale Basis für alle indisch und asiatisch angehauchten Gerichte. Dieser Gemüseeintopf ist vegetarisch, doch wer mag, kann das Ganze mit Hähnchenbrust, Garnelen oder Fischfilet ergänzen.

1 Die Zwiebel schälen und in Spalten schneiden. Den Ingwer schälen und in feine Würfel schneiden. Die Kartoffeln schälen, waschen und in nicht zu kleine Stücke schneiden.

2 Das Öl in einem Topf erhitzen und Zwiebel, Ingwer und Kartoffeln darin etwa 5 Minuten anbraten. Mit Salz, Pfeffer und den übrigen Gewürzen bestreuen, kurz weiterbraten. Die Kokosmilch und 200 ml Wasser angießen, aufkochen und das Curry zugedeckt etwa 15 Minuten köcheln lassen.

3 Die Kichererbsen in ein Sieb abgießen, kalt abspülen und abtropfen lassen. Mit dem Spinat unter das Curry rühren, zugedeckt bei schwacher Hitze 5 Minuten ziehen lassen. Das Curry mit Salz und Pfeffer würzen und mit Erdnüssen bestreuen. Dazu schmeckt Basmatireis, gewürzt mit etwas abgeriebener Bio-Limettenschale.

Mal anders:

Statt der Kartoffeln Süßkartoffeln, Kürbis oder Steckrüben verwenden.

ZUTATEN

FÜR 4 PERSONEN
1 große Gemüsezwiebel (250 g)
20 g Ingwer
500 g festkochende Kartoffeln
1 EL Öl (z. B. Kokosöl)
Salz · Pfeffer aus der Mühle
2 TL Currypulver
1 TL gemahlene Kurkuma
1 TL gemahlener Kreuzkümmel
400 ml Kokosmilch
1 Dose Kichererbsen (400 g; Abtropfgewicht 240 g)
300 TK-Blattspinat
50 g geröstete, gesalzene Erdnusskerne

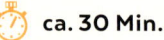 ca. 30 Min.

VEGGIE

OFENKARTOFFELN
MIT AJVAR-DIP
VERBLÜFFEND EINFACH DIESE KOMBI –
UND VERBLÜFFEND GUT

WIRSINGSCHUPFNUDELN

KLASSISCH MIT NEUEM DREH –
DAS LIEBEN ALLE!

KÜRBISKARTOFFELSTAMPF

MIT KRABBEN UND SPIEGELEI
EIN KLEINES LUXUSMAHL

OFENKARTOFFELN MIT AJVAR-DIP

1 Den Backofen auf 200 °C vorheizen. Die Kartoffeln waschen, trocken tupfen und halbieren. Auf einem Backblech mit 3 EL Olivenöl, Rosmarin und Thymian mischen. Mit Salz und Pfeffer würzen und im Ofen auf der zweiten Schiene von unten etwa 30 Minuten backen, zwischendurch wenden.

2 Die Prinzessbohnen nach Packungsanweisung in Salzwasser garen. Die weißen Bohnen in ein Sieb abgießen, kalt abspülen, abtropfen lassen und in eine Schüssel füllen. Zitronensaft und -schale mit Salz, Pfeffer und dem restlichen Olivenöl verrühren und unter die weißen Bohnen mischen. Die Schalotte schälen, in feine Scheiben schneiden und mit der Petersilie untermischen.

3 Die Prinzessbohnen in ein Sieb abgießen, abschrecken, abtropfen lassen und unter die weißen Bohnen mischen. Mit Salz und Pfeffer würzen. Den Quark mit Ajvar verrühren. Zu Kartoffeln und Bohnen servieren.

ZUTATEN

FÜR 4 PERSONEN
1,2 kg mittelgroße festkochende Kartoffeln (z.B. Drillinge)
7 EL Olivenöl
2 TL getrockneter Rosmarin
1 TL getrockneter Thymian
Salz · Pfeffer aus der Mühle
400 g TK-Prinzessbohnen
1 Dose weiße Bohnen (400g; z.B. Cannellini-Bohnen)
Saft und abgeriebene Schale von 1 kleinen Bio-Zitrone
1 Schalotte
2 EL TK-Petersilie
500 g Sahnequark
2 EL Ajvar

 ca. 25 Min.
+ ca. 30 Min. Backzeit

WIRSINGSCHUPFNUDELN

1. Den Wirsing putzen und in Streifen schneiden. Die Zwiebel schälen und in feine Würfel schneiden. Den Schinken in Streifen schneiden. Die Korianderkörner im Mörser fein zerdrücken.

2. Das Öl in einem Topf erhitzen und den Schinken darin kurz anbraten. Herausnehmen und beiseitestellen. Die Zwiebelwürfel im Bratfett dünsten. Den Wirsing hinzufügen und unter Rühren etwa 5 Minuten mitbraten. Mit Salz, Pfeffer, Koriander und Thymian würzen. Die Brühe dazugießen, zugedeckt etwa 10 Minuten köcheln lassen. Den Schmand unterrühren, ohne Deckel kurz einköcheln lassen.

3. Die Butter in einer Pfanne erhitzen und die Schupfnudeln darin nach Packungsanweisung braten. Mit der Wirsingsauce mischen und mit dem Schinken bestreuen.

ZUTATEN

FÜR 4 PERSONEN
½ Wirsing (700 g)
1 Zwiebel
150 g Schwarzwälder Schinken
2 TL Korianderkörner · 2 EL Öl
Salz · Pfeffer aus der Mühle
1 TL getrockneter Thymian
¼ l Gemüsebrühe
200 g Schmand
1 EL Butter · 1 kg Schupfnudeln
(aus dem Kühlregal)

 ca. 30 Min.

KÜRBIS-KARTOFFEL-STAMPF

1. Die Kartoffeln schälen und waschen. Den Kürbis von Fasern und Kernen befreien und schälen. Kartoffeln und Kürbis in Stücke schneiden und in kochendem Salzwasser 15 Minuten garen. Die Roten Beten in feine Würfel schneiden, dabei am besten Einweghandschuhe tragen, da die Knollen stark abfärben. Rote-Bete-Würfel mit 1 EL Schnittlauch mischen und beiseitestellen.

2. In einer großen Pfanne 1 EL Butter erhitzen und 4 Spiegeleier darin braten. Mit Salz und Pfeffer würzen.

3. Die Kartoffel-Kürbis-Mischung abgießen. Die restliche Butter hinzufügen und die Mischung zerstampfen. Den Senf und den restlichen Schnittlauch unterrühren und den Stampf mit Salz und Pfeffer würzen. Auf Tellern anrichten, mit Roter Bete sowie Krabben bestreuen und mit je 1 Spiegelei servieren.

ZUTATEN

FÜR 4 PERSONEN
800 g mehligkochende
Kartoffeln
500 g Butternutkürbis
Salz · 200 g Rote Beten
(vorgegart und vakuumiert)
2 EL TK-Schnittlauch
4 EL Butter · 4 Eier
Pfeffer · 2 EL Dijon-Senf
200 g Nordseekrabben

 ca. 25 Min.
+ ca. 15 Min. Backzeit

EASY GEMÜSEPUFFER – SÜSS UND PIKANT

Hier kommen nicht nur die Süßschnäbel am Tisch auf ihre Kosten, sondern auch die „Herzhaften". Der Clou: Der Pufferteig wird mit zweierlei Gemüseraspeln vermischt und dann mit Apfelmus oder Kräuterquark serviert.

1 Den Backofen auf 100 °C vorheizen. Die Möhre und den Sellerie putzen, schälen und getrennt in feine Streifen hobeln oder grob raspeln. Die Walnüsse hacken.

2 Den Kartoffelpufferteig in einer Schüssel mit dem Ei und den Nüssen sorgfältig vermengen, die Hälfte des Teigs in eine zweite Schüssel füllen. Möhrenraspel mit den Händen unter die eine Hälfte, Sellerie und Schnittlauch unter die andere Hälfte kneten. Sellerieteig mit Salz, Pfeffer und 1 Prise Muskatnuss würzen.

3 Das Öl portionsweise in einer oder besser in zwei großen beschichteten Pfannen erhitzen. Den Pufferteig esslöffelweise hineingeben, flach drücken und auf jeder Seite bei mittlerer bis starker Hitze goldbraun braten. Auf Küchenpapier abtropfen lassen. Im Ofen warm halten, bis alle Puffer fertig sind.

4 Die Möhrenpuffer mit etwas Zimtzucker bestreuen und mit dem Apfelmus servieren. Die Selleriepuffer mit dem Kräuterquark servieren, nach Belieben mit etwas Paprikapulver bestäuben.

Mal anders:

Statt der Walnüsse kleine Schinkenwürfel unter den pikanten Teig mischen. Puffer mit Meerrettichquark und Räucherforelle oder saurer Sahne und Räucherlachs anrichten.

Selbst gemachtes Apfelmus:

Haben Sie Äpfel im Haus? Dann schnell ein Apfelmus selbst machen! Dafür 500 g Äpfel schälen und achteln, dabei entkernen. Mit etwa 5 EL Wasser und 1 Prise Zimtpulver aufkochen und zugedeckt 15 Minuten köcheln lassen, bis die Äpfel zerfallen. Eventuell mit dem Kartoffelstampfer noch kurz zerdrücken.

ZUTATEN

FÜR 4 PERSONEN
1 große Möhre (120 g)
1 Stück Knollensellerie (120 g)
40 g Walnusskerne
1 Packung frischer Kartoffelpufferteig (750 g; aus dem Kühlregal)
1 Ei
1 EL TK-Schnittlauch
Salz · Pfeffer aus der Mühle
frisch geriebene Muskatnuss
6 EL Öl
Zimtzucker nach Geschmack
1 kleines Glas Apfelmus (260 g)
1 Packung Kräuterquark (200 g)
edelsüßes Paprikapulver (nach Belieben)

 ca. 25 Min.

ich ♡ es

VEGGIE

SELLERIESCHNITZEL IN TORTILLAKRUSTE

1 Die Erbsen in einem kleinen Topf mit Wasser bedecken. Salzen, aufkochen und 5 Minuten garen. Dann in ein Sieb abgießen und abtropfen lassen.

2 In einem weiten Topf reichlich Salzwasser mit dem Zitronensaft aufkochen. Den Sellerie schälen und halbieren. Die Hälften in 1 bis 1½ cm dicke Scheiben schneiden und im kochenden Zitronenwasser 5 bis 7 Minuten bissfest garen. Herausnehmen, abschrecken und abtropfen lassen.

3 Das Mehl und die Gewürzmischung in einem tiefen Teller mischen. Die Chips im Blitzhacker (oder mit der Teigrolle) mittelfein zerbröseln. In einem weiteren tiefen Teller mit den Semmelbröseln mischen. Die Eier in einem dritten Teller verquirlen.

4 Den Backofen auf 100°C vorheizen. Das Öl portionsweise in einer großen beschichteten Pfanne erhitzen. Die Selleriescheiben nacheinander in Mehl, Ei und Brösel-Mix wenden. Im Öl auf jeder Seite goldbraun ausbacken. Fertige Scheiben auf einem Backblech im Ofen warm halten.

5 Die Erbsen mit 2 EL saurer Sahne im Blitzhacker pürieren. Restliche saure Sahne unterrühren. Püree mit Salz, Chilipulver, Kreuzkümmel und Limettensaft würzen. Zu den knusprigen Sellerieschnitzeln servieren.

ZUTATEN

FÜR 4 PERSONEN
300 g TK-Erbsen
Salz
Saft von 1 Zitrone
1 kg Knollensellerie
5 EL Mehl
3 TL Burrito- oder Chili-con-Carne-Gewürzmischung
1 Tüte Tortillachips
70 g Semmelbrösel
2 Eier
6 EL Sonnenblumenöl
150 g saure Sahne
Chilipulver
½ TL gemahlener Kreuzkümmel
1 Spritzer Limettensaft

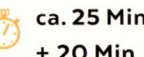 **ca. 25 Min.**
+ 20 Min. Kochzeit

GEBACKENES GEMÜSE MIT MANDEL-COUSCOUS

1 Den Backofen auf 200 °C vorheizen. Die Sesamsamen und die Gewürze in einem Mörser grob zerreiben. Das Wurzelgemüse und die Süßkartoffeln putzen, schälen und in 1 bis 2 cm dicke Spalten oder Stifte schneiden.

2 Das Gemüse auf einem Backblech verteilen. Das Olivenöl darüberträufeln, die Gewürzmischung darüberstreuen, alles mit Salz und Pfeffer würzen und gut mischen. Im Ofen auf der zweiten Schiene von unten etwa 25 Minuten weich backen. Nach der Hälfte der Zeit mit einem Pfannenwender wenden.

3 Die Brühe aufkochen. Den Couscous in eine Schüssel füllen. Die Aprikosen in feine Würfel schneiden und mit dem Ras el-Hanout unter den Couscous mischen. Die kochend heiße Brühe darübergießen. Die Schüssel mit Frischhaltefolie verschließen und den Couscous 15 Minuten ziehen lassen.

4 Die Mandelblättchen in einer Pfanne ohne Fett rösten. Den Joghurt mit dem Dill verrühren. Die Mandelblättchen unter den Couscous mischen. Den Couscous mit dem gebackenen Gemüse anrichten, den Joghurt dazu servieren.

lecker!

ZUTATEN

FÜR 4 PERSONEN
2 EL helle Sesamsamen
1 TL Korianderkörner
½ TL Kreuzkümmelsamen oder
¾ TL gemahlener Kreuzkümmel
½ TL getrockneter Thymian
1 kg gemischtes Wurzelgemüse
(z.B. Möhren, Pastinaken)
und Süßkartoffeln
3 EL Olivenöl
Salz · Pfeffer aus der Mühle
400 ml Gemüsebrühe
200 g Instant-Couscous
100 g getrocknete Soft-Aprikosen
1 TL Ras el-Hanout
50 g Mandelblättchen
500 g Sahnejoghurt
2 EL TK-Dill

 ca. 20 Min.
+ ca. 25 Min. Backzeit

KIRSCH-MILCHREIS-TRIFLE

KINDERLIEBLING IN NEUER FORM — LOGISCH, DASS SCHOKOLADE NICHT FEHLEN DARF

BIRNEN-SCHOKO-TRIFLE

ZWISCHEN FRÜCHTEN UND PUDDING VERSTECKEN SICH KNUSPRIGE AMARETTINI

APFEL-GRIESS-TRIFLE

SEELENTRÖSTER MIT
SUCHTPOTENZIAL

APRIKOSEN-TRIFLE

FRUCHTIG-CREMIGE
HOCHSTAPELEI

GANZ FIX

BIRNEN-SCHOKO-TRIFLE

1 Die Birnen in einem Sieb abtropfen lassen, dabei den Sirup auffangen. Die Birnen in feine Würfel schneiden. Die Amarettini mit den Händen grob zerdrücken.

2 Erst die Hälfte der Amarettinibrösel, dann die Hälfte der Birnen in vier Gläser schichten, je 1 bis 2 TL Birnensirup darüberträufeln, die Hälfte des Puddings darauf verteilen. Restliche Brösel, Birnen und übrigen Pudding ebenso daraufschichten. Nach Belieben mit Mandelstiften garnieren.

ZUTATEN

FÜR 4 PERSONEN
1 Dose Birnenhälften (230 g Abtropfgewicht)
80 g Amarettini
400 g fertiger Schokoladenpudding
1–2 EL geröstete Mandelstifte (nach Belieben)

 ca. 5 Min.

KIRSCH-MILCHREIS-TRIFLE

1 Die Cookies mit den Händen grob zerdrücken. Die Hälfte der Cookiebrösel auf vier Gläser verteilen.

2 Erst die Hälfte der Grütze und dann die Hälfte des Milchreises darauf verteilen. Restliche Brösel, Grütze und übrigen Milchreis ebenso daraufschichten. Nach Belieben mit Schokostreuseln bestreuen oder mit Kakao bestäuben.

ZUTATEN

FÜR 4 PERSONEN
120 g Double Chocolate Cookies
300 g fertige Kirschgrütze
400 g fertiger Milchreis
1–2 EL Schokostreusel oder etwas Kakaopulver (nach Belieben)

ca. 5 Min.

APFEL-GRIESS-TRIFLE

1 Die Kekse mit den Händen grob zerdrücken. Die Hälfte der Keksbrösel auf vier Gläser verteilen.

2 Erst die Hälfte des Kompotts und dann die Hälfte des Grießpuddings darauf verteilen. Restliche Brösel, übrigen Kompott und übrigen Pudding ebenso daraufschichten. Nach Belieben mit Zimt bestäuben.

APRIKOSEN-TRIFLE

1 Die Aprikosen in einem Sieb abtropfen lassen, dabei den Sirup auffangen. Die Aprikosen in feine Würfel schneiden. Die Kekse grob zerbröseln.

2 Erst die Hälfte der Keksbrösel, dann die Hälfte der Aprikosen in vier Gläser schichten, je 1 bis 2 TL Aprikosensirup darüberträufeln, zuletzt die Hälfte des Joghurts darauf verteilen. Restliche Brösel, Aprikosen und übrigen Joghurt ebenso daraufschichten. Nach Belieben mit Pistazien garnieren.

REGISTER

F

G

K

L/M

N

O/P/Q

R/S

T/W

DIE AUTORIN: MARIANNE ZUNNER

Dass sie die raffinierte Alltagsküche mit dem gewissen Etwas aus dem Effeff beherrscht, hat Marianne Zunner längst bewiesen. Die gebürtige Fränkin schreibt ihre Rezepte auch nicht mehr auf lose Blätter, wie einst als Kind, sondern in Kochbücher und Food- und Frauenzeitschriften. Die Rezepte von Mutter und Großmutter hat sie aufbewahrt. Bei der Veredelung von Gerichten für die Ruck-zuck-Küche konnte sie diese gut gebrauchen.

DANKESCHÖN

Ich danke allen, die direkt und indirekt dafür gesorgt haben, dass ich einen so wunderbaren Beruf ausüben kann. Allen voran meiner Mutter und meiner Großmutter, die in mir die Liebe zum Kochen geweckt haben und deren Rezepte mein größter Schatz sind. Danke an meinen Mann Manfred und meinen Sohn Florian, die mich in allen Lebenslagen liebevoll unterstützen und ermutigen — und alles essen, was auf den Tisch kommt. Danke an meine Projektleiterin Eva Hege, die die seltene Gabe besitzt, große Herzlichkeit und große Professionalität miteinander zu verbinden, und an die Lektorin Margarethe Brunner, der wirklich nichts entgeht. Und natürlich einen großen Dank an Julia Hoersch, die beste Fotografin, die sich eine Kochbuchautorin wünschen kann, und ihr kreatives Team, die Foodstylistin Pia Westermann und die Stylistin Katja Graumann.

IMPRESSUM

© 2018 ZS Verlag GmbH | Kaiserstraße 14 b | D–80801 München
ISBN 978-3-89883-763-7 | 1. Auflage 2018

Projektleitung: Eva-Maria Hege
Rezepte & Texte: Marianne Zunner
Lektorat: Margarethe Brunner
Grafische Gestaltung: seidldesign.com, Irene Schulz
Satz: Karin Miller
Fotografie: Julia Hoersch
Foodstyling: Pia Westermann
Styling: Katja Graumann
Producing: Jan Russok
Herstellung: Frank Jansen
Druck & Bindung: optimal media GmbH, Röbel

Kurze Wege schonen die Umwelt
Dieses Buch wurde in Deutschland gedruckt

Die ZS Verlag GmbH ist ein Unternehmen der Edel AG, Hamburg.
www.zsverlag.de
www.facebook.com/zsverlag

Im Buch enthaltene Foodfotos können zur eigenen Nutzung erworben werden unter www.stockfood.com

Auf den Geschmack gekommen?

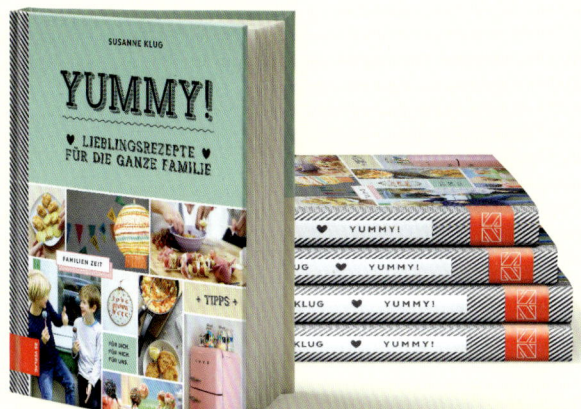

Da wird Kochen zum Lieblings-Familienevent: über 140 alltagstaugliche Rezepte — einfach lecker und ganz einfach.

Susanne Klug
Yummy! — Lieblingsrezepte
für die ganze Familie
€ [D] 19,99
ISBN 978-3-89883-525-1

Happy Birthday — lecker für die Kinder, entspannt für die Eltern und ein großer Spaß für alle.

Christiane Kührt
Ganz easy Kindergeburtstag
€ [D] 14,99
ISBN 978-3-89883-633-3

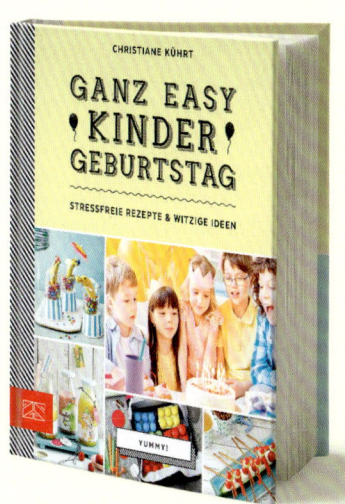

Gleich weiterkochen!

Jetzt überall, wo es gute Bücher gibt.